AF504616

Paul Talafo

Un cœur brisé et contrit
ou
La repentance, la gratitude et
La couronne des vainqueurs

Job Daniel Jean

Copyright

Du même auteur

Le disciple que Jésus-Christ cherche
Au bon souvenir de Marie Madeleine

Les premiers seront les derniers et les derniers seront les premiers
Qui sont-ils ?

Du sacerdoce lévitique au sacerdoce du Christ, la lumière sur le salut par la grâce au moyen de la foi
Sur le fondement des apôtres et des prophètes

Sommaire

(Sommaire détaillé en fin d'ouvrage)

Introduction et avant-propos

Pardon et repentance figurent parmi les expressions les plus employées des saintes Ecritures, de la Genèse à l'Apocalypse. Il est cependant difficile de lire sur le visage d'un chrétien, la vérité concernant ces deux aspects par lesquels il est passé. Lorsqu'on fait face à un chrétien, on peut à juste titre s'interroger sur la qualité de sa conversion, c'est-à-dire le type de confession qui a fait de lui un chrétien.

Il suffit de remarquer les disparités profondes parmi les chrétiens choisis au hasard, pour savoir que tous ne sont pas passés par les mêmes itinéraires de conversion.

Dans une scène de l'évangile, le pharisien qui s'étonnait qu'une femme verse et essuie des larmes sur les pieds de Jésus, reçut du Seigneur une réponse en ces termes : *Celui à qui l'on pardonne peu aime peu* (**Luc 7:47**). Cet épisode du pèlerinage terrestre de Jésus illustre parfaitement les différences dans la réalité du pardon et de la repentance chez les chrétiens. Mieux, il semble attester que Dieu et les hommes ne partagent pas les mêmes opinions sur la repentance et le pardon. Dieu agit selon la vérité tandis que l'homme agit généralement selon l'apparence et ses intérêts égoïstes.

Si donc, comme l'a relevé le Seigneur Jésus-Christ en personne, le pardon et la repentance sont une affaire de dosage et d'équilibre, on comprend logiquement qu'il soit possible d'aimer peu après qu'on a reçu un grand pardon, ou d'aimer beaucoup après un petit pardon. Ces deux cas s'écartent bien sûr de la ligne tracée par le Seigneur.

Une repentance mal négociée est source de déconvenues et malheurs dans la vie d'un chrétien. D'autant plus que la repentance, une sorte de reconnaissance du pardon et de la miséricorde reçus, dépend de l'idée qu'on se fait de la justice pour soi et pour les autres. En disant «*Heureux les miséricordieux car ils obtiendront miséricorde*» et «*Il n'y a pas de miséricorde pour quiconque ne fait pas miséricorde*», l'Ecriture reconnait qu'une repentance insuffisante et l'absence de miséricorde peuvent causer au chrétien de graves désagréments jusqu'à la perte du salut.

Ce livre vise à exposer aux enfants de Dieu ce que le Seigneur attend véritablement de la repentance et du pardon, à la lumière des apôtres et des prophètes, puis de raffermir leur désir de mener une vie chrétienne victorieuse.

Sauf avis contraire, toutes les citations bibliques sont de la version Second révisé. Elles sont reproduites dans le texte pour une meilleure exploitation. **Matthieu 5:10-13** signifiant : *livre de Matthieu, chapitre 5, versets 10 à 13*. Par souci de vérité, nous avons tenu à bien situer chaque verset biblique dans son contexte, en surlignant en **gras** la partie essentielle de l'explication. Le lecteur trouvera peut-être ennuyeuse la reproduction intégrale des versets bibliques plutôt qu'un renvoi en notes de bas de page. Cela a été fait exprès car les versets mémorisés ont tendance à subir des déformations avec le temps. Est-ce dû à l'usure de la mémoire ou à l'œuvre du diable ? Probablement un peu des deux. Est-ce pour cela que les israélites, après une longue période d'obéissance, recommençaient à transgresser les commandements de Dieu ? Possible. Nous notons que Moïse recommandait aux israélites de lier les commandements comme *un signe dans leurs mains et comme des frontaux entre leurs yeux*, voire de les écrire sur les poteaux et les portes de leurs maisons (**Deutéronome 6:8-9**). Cette précaution de Moïse n'est pas fortuite. Le lecteur est donc invité à ne pas s'exaspérer de cette reproduction des Ecritures, mais plutôt, à les lire attentivement. Il remarquera que certains versets, qu'il croyait avoir bien mémorisés, se présentent sous un rapport différent. Nous avons mis en médaillon, sous forme d'encadrés, des mises au point particulièrement importantes. Enfin, tous les pronoms se rapportant au Seigneur Dieu ont été mis en majuscule, par souci de précision et de sanctification de Sa personne. Que le Seigneur Dieu accompagne le lecteur, ouvre son esprit et son intelligence pour comprendre la longueur et la profondeur de Son amour pour les hommes et les femmes qu'Il agrée, en plus de Son appel à la première résurrection. En effet «*Heureux et saints ceux qui ont part à **la première résurrection** ! La seconde mort n'a pas de pouvoir sur eux, mais ils seront sacrificateurs de Dieu et du Christ, et ils règneront avec Lui pendant les mille ans*» (**Apocalypse 20:6**).

QU'EST-CE QUE LE PARDON ? QU'EST-CE QUE LA REPENTANCE ?

Nous partirons de quelques exemples concrets des Ecritures pour mieux appréhender la repentance et le pardon que Dieu attend, ce qu'il faut comprendre et ce qu'il ne faut pas comprendre.

La repentance des fils de Jacob envers leur frère Joseph vendu comme esclave

Jamais crime aussi odieux n'avait été porté à la connaissance des hommes que la vente d'un humain, comme esclave, par ses propres frères biologiques. De même, au fil des tribulations et des surprises que l'avenir sait réserver, jamais repentance n'aura été aussi poignante que celle de ces mêmes frères à l'égard de la victime. C'est l'histoire qui nous est racontée ci-dessous par les Ecritures, l'histoire de Joseph et de ses frères.

Jacob, le patriarche hébreux, père biologique de tous les israélites, eut douze fils de ses quatre femmes dont Léa et Rachel sont les plus célèbres. Les six premiers enfants furent engendrés par Léa, et les deux derniers, Joseph et Benjamin, par Rachel. Autant dire que les fils de cette dernière étaient les plus jeunes de la fratrie. Joseph reçut plusieurs songes indiquant qu'il aurait la domination sur tous ses frères dans le futur. Ces derniers le prirent alors en aversion, aggravée par le fait que Joseph rapportait à leur père Jacob, leurs mauvais agissements.

Lors d'une sortie collective dans les champs, les frères de Joseph décidèrent de se débarrasser de lui. Ils se saisirent de Joseph et le vendirent à un marchand d'esclaves qui passait par là. C'est ainsi que Joseph se retrouva esclave en Egypte, loin des siens. Ses frères justifieront sa disparition en racontant que Joseph avait été dévoré par des fauves.

En Egypte, la vie de Joseph ne fut pas de tout repos même si Dieu bénissait ce qu'il entreprenait. La maîtresse de maison l'accusa faussement d'agression sexuelle après que Joseph eut repoussé une énième de ses avances. Joseph fut jeté en prison où, par la grâce de Dieu, il bénéficia de la confiance du geôlier pour administrer les affaires courantes. C'est de la prison qu'après moult péripéties, Joseph fut promu par le pharaon au rang de gouverneur, avec pour mission de préparer l'Egypte à affronter sept années de sécheresse. Apprenant qu'il y avait du blé en Egypte, Jacob y envoya ses fils afin de ramener de quoi nourrir une famille de soixante-dix personnes. C'est ainsi que les fils de Jacob se rendirent en Egypte, ignorant que leur frère Joseph était le gouverneur responsable de la distribution du blé.

Nous relatons ci-dessous les faits majeurs de la rencontre entre les fils de Jacob et le fameux gouverneur d'Egypte.

Première étape de la repentance des frères de Joseph envers lui

Première rencontre entre Joseph, gouverneur d'Egypte, et ses frères : Au terme de ladite rencontre, voici le récit que les frères de Joseph dressèrent à leur père Jacob :

> *«L'homme, qui est le seigneur du pays, nous a parlé avec dureté et nous a accusés d'espionner le pays. Nous lui avons dit : Nous sommes sincères, nous ne sommes pas des espions. Nous sommes douze frères, fils*

de notre père ; l'un n'est plus et le petit (Benjamin, cadet de Joseph) est aujourd'hui avec notre père au pays de Canaan. Alors l'homme qui est le seigneur du pays nous a dit : Voici comment je reconnaîtrai si vous êtes sincères. Laissez auprès de moi l'un de vos frères, prenez ce qu'il faut à votre famille à cause de la disette ; allez, et amenez-moi votre petit frère. Je reconnaîtrai ainsi que vous n'êtes pas des espions et que vous êtes sincères ; je vous rendrai votre frère, et vous pourrez commercer dans le pays. Lorsqu'ils vidèrent leurs sacs, la bourse d'argent de chacun était dans son sac. Ils virent, eux et leur père, leurs bourses d'argent, et ils furent saisis de crainte. Leur père Jacob leur dit : Vous me privez de mes enfants ! Joseph n'est plus, Siméon n'est plus, et vous prendriez Benjamin ! C'est sur moi que tout cela retombe» (**Genèse 42:29-36**).

«Juda dit à son père Israël : Laisse partir le garçon avec moi. Nous nous lèverons, nous irons et ainsi nous pourrons survivre et ne pas mourir, toi, nos enfants et nous. C'est moi qui me porte garant de lui ; tu le réclameras de ma main. Si je ne le ramène pas auprès de toi et si je ne le replace pas en ta présence, je serai pour toujours coupable envers toi. D'ailleurs, si nous n'avions pas tardé, nous aurions eu maintenant deux fois

le temps d'être de retour. Leur père Israël leur dit : Puisqu'il en est ainsi, faites donc ceci. Prenez dans vos bagages des spécialités du pays, pour en porter un présent à cet homme, un peu de baume et un peu de miel, des aromates, du ladanum, des pistaches et des amandes. Prenez avec vous une double somme d'argent et remportez l'argent qu'on avait remis à l'ouverture de vos besaces, peut-être par inadvertance. Prenez votre frère et levez-vous pour retourner vers cet homme. Que le Dieu Tout-Puissant fasse que cet homme ait compassion de vous, et qu'il laisse revenir avec vous votre frère et Benjamin ! Et moi, si je dois être privé de mes enfants, que j'en sois privé !» (**Genèse 43:8-14**).

Deuxième rencontre entre Joseph et ses frères : Conformément aux conditions fixées par le gouverneur d'Egypte pour libérer leur frère Siméon, en détention, Jacob laissa partir Benjamin. Ayant vu son cadet parmi les fils de Jacob, Joseph, gouverneur non démasqué, créa expressément un incident qui exposa la vie du jeune homme. Juda qui s'était porté garant de la vie de ce dernier auprès de leur père Jacob, plaida la cause de Benjamin en ces termes :

«Ton serviteur, notre père, nous a dit : Vous savez que ma femme m'avait enfanté deux fils. L'un (Joseph) est parti de chez moi, je pense qu'il a sans doute été mis en pièces,

car je ne l'ai pas revu jusqu'à présent. Si vous me prenez encore celui-ci (Benjamin, cadet de Joseph), et qu'il lui arrive un accident, c'est dans le malheur que vous ferez descendre mes cheveux blancs au séjour des morts. Maintenant, si je reviens auprès de ton serviteur, mon père, et si le garçon n'est pas avec nous, comme son âme est attachée à la sienne, il mourra, en voyant que le garçon n'est pas là. Tes serviteurs auront fait descendre avec douleur dans le séjour des morts les cheveux blancs de ton serviteur, notre père. Car ton serviteur s'est porté garant pour le garçon, en disant à mon père : Si je ne le ramène pas auprès de toi, je serai pour toujours coupable envers mon père ! Maintenant je t'en prie : Que ton serviteur reste à la place du garçon, comme esclave de mon seigneur ; et que le garçon remonte avec ses frères. Comment pourrai-je remonter auprès de mon père, si le garçon n'est point avec moi ? Ah ! Que mon regard ne s'arrête pas sur le malheur qui atteindra mon père !» **(Genèse 44:27-34)**.

Nous connaissons la suite de l'histoire. Joseph craqua et se fit reconnaître de ses frères comme celui-là même qu'ils avaient vendu. Il s'écria :

*«**Je suis Joseph, votre frère, que vous avez vendu pour être mené en Égypte.** Maintenant, ne vous affligez pas et ne soyez pas fâchés de m'avoir vendu pour être*

> *conduit ici, car c'est pour vous garder en vie que Dieu m'a envoyé devant vous»* (**Genèse 45:4-5**).

Il ne fallut pas moins de deux rencontres émouvantes, dramatiques, pour que Joseph reconnaisse la sincérité et la profondeur du changement d'attitude de ses frères, de criminels qu'ils étaient jadis. Selon le **verset 5**, le fait que Joseph assimile le crime commis par ses frères, vingt ans auparavant, à une bienheureuse prémonition, prouve qu'il avait réellement pardonné à ces derniers. Il dit en effet : *«Ne vous affligez pas et **ne soyez pas fâchés de m'avoir vendu pour être conduit ici**».*

Joseph permit à son père et à une famille de soixante-dix personnes, d'émigrer vers l'Egypte, échappant à une famine qui ruina beaucoup de peuples de l'époque. Joseph obtint la faveur du Pharaon pour installer sa famille à Gochen, cité favorable à l'élevage du petit bétail, spécialité de la famille de Jacob. Joseph pourvut ainsi à l'entretien de ses parents en Egypte jusqu'à sa mort. Ses autres frères purent ainsi vivre tranquillement. Puis un événement se produisit, relaté ci-après.

Dernière étape de la repentance des frères de Joseph envers ce dernier

> *«Quand les frères de Joseph virent que leur père était mort, ils dirent : **Si Joseph allait se montrer notre adversaire et nous rendait***

> *tout le mal que nous lui avons fait ! Alors ils firent dire à Joseph : Ton père a donné cet ordre avant de mourir : Vous parlerez ainsi à Joseph : Oh ! Je t'en prie, pardonne le crime de tes frères et leur péché, car ils t'ont fait du mal !* **Je t'en prie, pardonne maintenant le péché des serviteurs du Dieu de ton père ! Joseph pleura quand on lui parla ainsi. Ses frères vinrent eux-mêmes tomber à ses pieds et dirent : Nous voici, tes serviteurs.** *Joseph leur dit : Soyez sans crainte ; en effet, suis-je à la place de Dieu ? Vous aviez formé le projet de me faire du mal, Dieu l'a transformé en bien, pour accomplir ce qui arrive aujourd'hui et pour sauver la vie d'un peuple nombreux.* **Maintenant soyez donc sans crainte ; je vais pourvoir à tous vos besoins et à ceux de vos enfants. Il les consola en parlant à leur cœur»** **Genèse 50:15-22**.

Après s'être fait reconnaître par ses frères, Joseph matérialisa son pardon en offrant à ces derniers un gîte pour habiter et commercer. On peut dès lors s'interroger sur les raisons de leur inquiétude soudaine après le décès de leur père. Ils craignirent que Joseph ne se retourne contre eux pour leur faire payer leur crime passé. Joseph n'avait-il pas pardonné et oublié ?

L'histoire veut que, quarante ans environ après leur crime, dix-sept ans après avoir obtenu pardon, les fils criminels n'aient pas eu le sommeil léger comme on pouvait s'y attendre. Ils vinrent alors se prosterner devant Joseph pour confesser à nouveau leur crime et obtenir absolution. Ils l'obtinrent car jamais, de son vivant, Joseph n'exerça de représailles contre ses frères.

Cet épisode indique à suffisance que les fils d'Israël n'avaient jamais oublié leur crime, malgré le pardon accordé par Joseph, leur victime. Ils n'avaient jamais enlevé ce péché de leur mémoire, bien que personne n'eût à le leur rappeler. Les frères de Joseph étaient dans un état de contrition permanente, craignant pour leur vie au cas où, par pur hasard, il venait à Joseph, leur ancienne victime, de se venger. La vengeance redoutée n'eut pas lieu et l'incident fut définitivement clos.

C'est une grande leçon des Ecritures : la repentance produit la contrition. Il est en effet écrit :

> *«Les sacrifices agréables à Dieu, c'est un esprit brisé :* **Un cœur brisé et contrit ; O Dieu, Tu ne le dédaignes pas»** **Psaumes 51:17 (51-19).**

Comme on le verra plus loin, David, l'auteur de ces **Psaumes**, savait bien de quoi il retournait, lui qui commit une infamie aussi grave que celle des frères de Jacob. Il savait donc ce qu'était la repentance que Dieu voulait : un esprit brisé et contrit.

La repentance des fils de Jacob envers leur frère Joseph, vendu comme esclave, est un cas parfait de repentance car les auteurs du crime confessé n'endurèrent aucune sanction. En fait, l'épreuve par laquelle Joseph, alors gouverneur non identifié, les fit passer, valait toutes les peines du monde. D'abord, il accusa ses frères d'espionner l'Egypte, ce qui, à l'époque, était passible des pires sanctions. Cette accusation eut l'effet de les sortir de leur sérénité, de raviver le souvenir de leur faute car ils avaient l'impression que Dieu les pourchassait pour cela. Puis Joseph retint prisonnier l'un d'eux, Siméon, jusqu'à ce qu'ils lui prouvent leur bonne foi en amenant leur frère cadet Benjamin. Enfin, il menaça volontairement la vie de Benjamin par la ruse, ce qui, à leurs yeux, représentait la pire des choses après qu'ils eurent promis à leur père de ramener Benjamin sain et sauf. Pour rien au monde, ils n'étaient prêts à laisser Benjamin aux mains des égyptiens, même au prix de leur vie. Ces épreuves par lesquelles Joseph fit passer ses frères, combinées à la réaction de ces derniers, finirent par le convaincre qu'ils avaient changé, qu'ils regrettaient leur crime, qu'ils étaient brisés et contrits, que ce crime avait laissé dans leur mémoire une tache indélébile. Chaque jour de leur vie, ses frères se remémoraient le crime commis, au point de s'en rappeler quarante années plus tard, à la mort de leur père Jacob. Joseph vit donc que le crime de ses frères n'avait jamais cessé de les tourmenter. Joseph n'avait plus besoin d'exercer quelques représailles à l'égard de gens meurtris et consumés par la faute. Bien au contraire, de vengeur qu'il aurait pu être, Joseph se mua en consolateur, qualifiant leur acte d'antécédent prémonitoire bienheureux : *«Vous aviez formé le projet de me faire du mal, Dieu l'a transformé en bien, pour accomplir ce qui arrive aujourd'hui et pour sauver la vie d'un peuple nombreux»*. Ils avaient donc le cœur brisé et contrit. C'est cela la repentance que Dieu recherche chez Ses enfants : un cœur brisé et contrit.

La vraie repentance se produit lorsque l'auteur d'un forfait a le cœur brisé et contrit. En fait il a l'impression qu'il n'est pas et ne sera jamais innocent, même si la victime lui a tout pardonné. Cela confirme parfaitement l'Ecriture car *Dieu pardonne la faute, le péché et le crime,* **mais ne tient pas le coupable pour innocent** (**Exode 34:7**).

Enseignements tirés de la repentance des fils de Jacob

Les frères de Joseph n'avaient jamais oublié leur crime. Voyant que ses frères étaient prêts à se sacrifier pour sauver Benjamin, leur cadet, Joseph comprit qu'ils avaient changé, de cruels qu'ils avaient été. Souvenons-nous d'ailleurs que deux parmi eux, Siméon et Lévi, passèrent au fil de l'épée toute la ville de Sichem en représailles de l'enlèvement de leur sœur Dina. A tel point que leur père s'inquiéta pour l'avenir de sa descendance. En effet, ses frères étaient auparavant capables d'actes de grande cruauté.

En faisant entrer en Egypte la famille de son père, à cause de la famine qui sévissait dans le monde, Joseph avait parfaitement pardonné à ses frères leur crime passé. En tant que gouverneur d'Egypte, quasiment le plus haut grade de la planète, Joseph jouissait de toute latitude pour faire payer à ses frères, leur crime passé. Il ne le fit pas, même si on peut imaginer que son père l'en aurait dissuadé.

Après le décès de leur père Jacob, dix-sept ans après les retrouvailles familiales, sans attendre que Joseph exprime la moindre idée de revanche, les fils de Jacob accoururent pour solliciter son pardon. Cela indique que les frères de Joseph n'avaient jamais oublié leur acte criminel, quarante ans après les faits, dix-sept ans après que Joseph les fit immigrer en Egypte à ses frais.

En conséquence, une faute commise ne doit jamais être oubliée malgré le pardon reçu. Car *Dieu pardonne la faute, le péché et le crime, mais ne tient pas le coupable pour innocent*. Cette leçon émerge partout dans les Ecritures.

La repentance de Chimeï

Chimeï est un israélite de la tribu de Benjamin, qui souleva la poussière lorsque David fuyait devant son fils Absalom, auteur d'un coup d'Etat contre son père (**2 Samuel 16:5-14**). Chimeï conspua David sur une longue distance, le maudissant. David s'opposa à ce qu'un de ses soldats le fasse taire. Après l'échec du coup d'Etat, Chimeï accourut pour demander pardon au roi David. Ce dernier promit, par serment, de ne pas le tuer (**2 Samuel 19:23**). David pardonna mais se souvint de lui au moment de passer le flambeau à son successeur Salomon. David dit à Salomon :

> *«Voici près de toi Chiméï, fils de Guéra, Benjaminite, de Bahourim. Il a prononcé contre moi des malédictions violentes le jour où j'allais à Mahanaïm. Mais il descendit à ma rencontre vers le Jourdain, et je lui fis un serment par l'Éternel, en disant : Je ne te ferai pas mourir par l'épée. **Maintenant, ne le laisse pas impuni ;** car tu es un homme sage, et tu sais comment tu dois le traiter. **Tu feras que ses cheveux blancs descendent ensanglantés dans le séjour des morts»** (1 Rois 2:8-9).*

David, homme selon le cœur de Dieu, cité plusieurs fois par Jésus durant Son ministère terrestre, avait-il pardonné à Chimeï ? Oui puisqu'il ne le tua pas. Que dire alors du testament laissé à son successeur à propos du Benjaminite ? Voici en effet ce qui arriva :

«Le roi Salomon envoya appeler Chiméï et lui dit : Bâtis pour toi une maison à Jérusalem ; tu y habiteras, et tu n'en sortiras pas de côté ou d'autre. Sache bien que tu mourras le jour où tu sortiras et passeras la vallée du Cédron ; ton sang sera sur ta tête. Chiméï répondit au roi : C'est bien ! Ton serviteur fera ce qu'a dit mon seigneur le roi. Chiméï habita longtemps à Jérusalem.

Au bout de trois ans, il arriva que deux serviteurs de Chiméï s'enfuirent chez Akich, fils de Maaka, roi de Gath. On le rapporta à Chiméï, en disant : Voici que tes serviteurs sont à Gath. Chiméï se leva, sella son âne et s'en alla à Gath chez Akich pour chercher ses serviteurs. Chiméï donc s'en alla et ramena ses serviteurs de Gath. On rapporta à Salomon que Chiméï était allé de Jérusalem à Gath, et qu'il était de retour.

Le roi envoya appeler Chiméï et lui dit : Ne t'ai-je pas fait prêter serment par l'Éternel, et ne t'ai-je pas attesté ceci : Sache bien que tu mourras le jour où tu sortiras pour aller de côté ou d'autre ? Et ne m'as-tu pas répondu : C'est bien ! J'ai entendu ?

> *Pourquoi donc n'as-tu pas observé le serment de l'Éternel et l'ordre que je t'avais donné ? Et le roi dit à Chiméï : Tu sais tout le mal que ton cœur a conscience d'avoir fait à mon père David ; l'Éternel fera retomber ta méchanceté sur ta tête. Mais le roi Salomon est béni, et le trône de David sera pour toujours affermi devant l'Éternel. Le roi donna ses ordres à Benayahou, fils de Yehoyada : il sortit et frappa Chiméï qui mourut. La royauté fut ainsi affermie dans la main de Salomon»* (**1 Rois 2:36-46**).

Chimeï avait-il obtenu le pardon de David ? Oui puisque David, de retour à Jérusalem, avait le pouvoir de punir cet homme mais ne le fit pas. On pardonne toujours à celui qui regrette son geste, et c'est ce que fit Chimeï après le retour triomphal de David à Jérusalem. Mais Chimeï n'avait pas le cœur brisé et contrit. Il avait oublié son crime. En effet, maudire le roi était punissable de mort selon la loi de Moïse (**Exode 22:28 ou 22:27**). S'il avait eu le cœur brisé, il aurait mieux fait de se rappeler au souvenir du roi David par des actes conséquents. Mais il ne fit rien jusqu'à la mort de David qui laissa alors un testament défavorable à son égard. Au moins se serait-il avisé de poursuivre ses deux serviteurs au de-là des limites fixées par le roi Salomon, pour montrer que le souvenir de son crime ne le quittait pas d'une semelle. En allant chercher ses deux serviteurs en fuite, il montra tout son égoïsme. Il ne pensait qu'à lui-même au point d'oublier la peine causée aux autres, notamment à David, son roi. Chimeï avait oublié que son péché avait été pardonné, et il fut rattrapé (**2 Pierre 1:9**).

La repentance commande qu'on maintienne une attitude de contrition et de brisement sans quoi, on va au-devant de graves déconvenues comme ce Benjamnite. Car *Dieu ne tient pas le coupable pour innocent*. Les chrétiens feraient mieux de s'en souvenir dans leur sanctification.

La repentance de David, roi d'Israël

David était l'homme selon le cœur de Dieu. Il ne perdit aucune bataille de son vivant. Il inspirait la terreur à ses adversaires et aux nations environnantes. Cependant il pécha en provoquant la mort d'un de ses généraux, après avoir détourné la femme de ce dernier. Il obtint le pardon de Dieu en confessant son crime. Mais Dieu vengea l'acte abominable de David. Son fils aîné Amnon fut assassiné par son demi-frère Absalom. Ce dernier fut à l'origine d'un coup d'Etat sanglant contre son père David. Les soldats d'un même pays s'affrontèrent à mort pour le contrôle du pouvoir. Dieu pardonna la faute de David, *mais ne le tint pas pour innocent* car Israël fut ensanglanté à cause de cela.

Il est intéressant d'examiner l'attitude de David après sa faute. Premièrement, il s'écria *«J'ai péché contre l'Eternel !»*, ce qui signifiait, en jargon de l'époque, qu'il méritait la mort. Mais Dieu l'épargna, lui promit en revanche une grande humiliation (**2 Samuel 12:13**). Deuxièmemement, les Ecritures révèlent l'attitude de contrition et de brisement du roi David après son forfait. En voici un extrait :

«O Dieu ! Fais-moi grâce selon Ta bienveillance, selon Ta grande compassion, efface mes crimes ; lave moi complètement de ma faute, et purifie-moi de mon péché. **Car je reconnais mes crimes, et mon péché est constamment devant moi**. *J'ai péché contre Toi, contre Toi seul, et j'ai fait le mal à Tes yeux, en sorte que* **Tu seras juste dans Ta sentence, sans reproche dans Ton jugement**. *Voici : je suis né dans la faute, et ma mère m'a conçu dans le péché. Mais Tu prends plaisir à la vérité dans le fond du cœur : Au plus secret de moi-même, fais-moi connaître la sagesse. Purifie-moi avec l'hysope, et je serai pur ; lave moi, et je serai plus blanc que la neige. Annonce-moi la félicité et la joie,* **et les os que Tu as brisés seront dans l'allégresse**. *Détourne Ta face de mes péchés, efface toutes mes fautes. O Dieu ! Crée en moi un cœur pur, renouvelle en moi un esprit bien disposé. Ne me rejette pas loin de Ta face,* **Ne me retire pas Ton Esprit Saint**. *Rends-moi la joie de Ton salut, et qu'un esprit de bonne volonté me soutienne ! J'enseignerai Tes voies à ceux qui se révoltent, et les pécheurs reviendront à Toi. O Dieu, Dieu de mon salut ! Délivre-moi du sang versé, et ma langue acclamera Ta justice. Seigneur ! Ouvre mes lèvres, et ma bouche proclamera Ta louange. Car Tu ne prends pas plaisir au sacrifice, autrement, j'en donnerais ; Tu n'agrées pas d'holocauste.* **Les sacrifices agréables à Dieu, c'est un esprit brisé : Un**

> ***cœur brisé et contrit ; O Dieu, Tu ne le dédaignes pas*» (Psaumes 51:2-17).**

Nous pouvons noter les événements suivants à l'actif de ce roi dans sa repentance :

- David jeûna pour que Dieu épargne le fils né de son amour adultérin car Dieu avait résolu d'enlever cet enfant (**2 Samuel 12:16**).
- David épousa la veuve éplorée comme acte de protection sociale (**2 Samuel 12:25**), car la condition de la veuve a toujours été difficile dans la société, pire dans les temps lointains.
- Salomon, fruit de ce mariage, succéda à David comme roi d'Israël (**1 Rois 1:33-34**).

Ces actes attestent de la repentance du roi David, homme au cœur brisé et contrit par sa faute. En portant cette contrition en chanson, dans les **Psaumes**, on mesure à quel point ce monarque fut meurtri par son geste malheureux.

La repentance de Saul de Tarse, alias apôtre Paul

Paul, alias Saul de Tarse, était docteur de la loi en Israël, de la tribu de Benjamin, circoncis le huitième jour, pharisien et disciple du grand rabbin Gamaliel. Paul comptait parmi les personnalités d'importance au point de recevoir du clergé juif des lettres l'autorisant à lier, enchaîner et traîner à Jérusalem, pour y être jugé, tout Juif de la diaspora surpris à poursuivre la voie du Christ. Il accomplissait sa mission avec grand zèle et signa même l'une des plus grandes pertes parmi les premiers chrétiens : la lapidation du diacre Etienne (**Actes 7:58**).

Sur le chemin de Damas où il se rendait, tout ragaillardi de ses succès, Paul croisa le Seigneur Jésus-Christ qui mit fin au délire du pharisien zélé, le transformant en un puissant outil de propagation de l'évangile, des premiers siècles à ce jour (**Actes 9:1-20**). L'apôtre Paul est en effet l'auteur le plus lu des Ecritures, ayant signé et cosigné plus de la moitié du Nouveau Testament.

Considéré comme traitre par le clergé juif qu'il servait auparavant, Paul fut persécuté à Jérusalem et partout dans le monde. Ses anciens coreligionnaires ne cessèrent de le traquer en tout lieu, dans ses missions apostoliques. Ce n'est pas une surprise s'il fut faussement accusé de nombreux crimes tels que, trouble à l'ordre public et incitation à la révolte. Pour échapper à ses adversaires, Paul dut se cacher et bénéficier de la protection des chrétiens de l'époque. L'un de ces complots le mena enchaîné devant le tribunal de César à Rome. En exigeant la justice de César, de préférence à celle biaisée des Juifs de Jérusalem, Paul retarda longtemps l'issue du procès afin de rendre témoignage au Seigneur devant des rois, des gouverneurs, et une foultitude de peuples. Pierre lui rendit un hommage mémorable (**2 Pierre 3:15**). Paul passa ainsi les quinze dernières années de sa vie à annoncer l'évangile de Jésus-Christ dans les chaînes.

Il est cependant une donnée récurrente dans le vécu de ce serviteur d'exception. Il répétait lui-même à longueur des épîtres : *«Je suis le moindre des apôtres, je ne mérite pas d'être appelé apôtre, parce que j'ai persécuté l'Église de Dieu»* (**1 Corinthiens 15:9**). Notons que Paul ne disait pas qu'il n'était pas apôtre, mais qu'il en était le moindre. Comment l'auteur le plus lu des Ecritures peut-il affirmer qu'il était le moindre des apôtres, indigne d'en faire partie ? C'est parce que Paul avait le cœur brisé et contrit en souvenir de ses crimes passés contre l'église du Seigneur.

Une de ses affirmations mémorables dit ceci :

> *«Frères, pour moi-même je n'estime pas encore avoir saisi le prix; mais je fais une chose : oubliant ce qui est en arrière et tendant vers ce qui est en avant, je cours vers le but pour obtenir le prix de la vocation céleste de Dieu en Christ-Jésus»* (**Philippiens 3:13-15**).

Si l'on est surpris par tant d'humilité de la part d'un serviteur aussi zélé que Paul, que dire alors quand il affirme ce qui suit :

> *«Au contraire, je traite durement mon corps et je le tiens assujetti, **de peur, après avoir prêché aux autres, d'être moi-même disqualifié**»* (**1 Corinthiens 9:27**) ?

Paul vivait donc, non pas dans une certitude religieuse qu'on rencontre malheureusement chez plusieurs chrétiens des temps de la fin, mais dans la persévérance et la gratitude, le regard tourné vers Celui-là qui l'avait appelé dès le sein maternel, à l'un des ministères les plus éreintants, mais exaltants de l'ère de la grâce.

Lors de la conversion de Paul dans les conditions extraordinaires rappelées ci-dessus, Jésus affirma qu'Il montrerait à cet homme tout ce qu'il devait souffrir pour porter le message de l'évangile. Paul ne Le déçut pas car, malgré les persécutions, il tint ferme. Il se livra par exemple à une énumération des tribulations vécues en déclarant :

> «***Cinq fois*** *j'ai reçu des Juifs quarante coups moins un,* ***trois fois*** *j'ai été battu de verges,* ***une fois*** *j'ai été lapidé,* ***trois fois*** *j'ai fait naufrage, j'ai passé un jour et une nuit dans l'abîme. Souvent en voyage,* ***exposé aux dangers des fleuves, aux dangers des brigands, aux dangers de la part de mes compatriotes, aux dangers de la part des païens, aux dangers de la ville, aux dangers du désert, aux dangers de la mer, aux dangers parmi les faux frères,*** *au travail et à la peine ; souvent dans les veilles, dans la faim et dans la soif ; souvent dans les jeûnes, dans le froid et le dénuement. Et sans parler du reste, ma préoccupation quotidienne :* ***le souci de toutes les Églises !***»* (**2 Corinthiens 11:24-28**).

Pourquoi toutes ces tribulations n'eurent pas l'effet de décourager Paul à continuer dans la voie du Seigneur ? C'est parce qu'il était reconnaissant au Seigneur de l'avoir sauvé. Il avait le cœur brisé et contrit. Il donnait beaucoup car le Seigneur lui avait beaucoup pardonné. **Celui à qui on a beaucoup pardonné, ne pense jamais aux souffrances qu'il endure pour les autres, sa victime en particulier.**

La repentance du péager Zachée

Zachée était percepteur d'impôts – péager – au temps du Christ, en Israël sous occupation romaine. Lorsque Jésus déclara qu'il fallait *donner à César ce qui est à César*, c'est parce que la monnaie de l'époque était frappée de l'effigie de l'empereur romain. Aussi, les percepteurs d'impôts étaient détestés par la population locale qui les accusait d'appauvrissement au profit de l'occupant romain.

Zachée se savait parfaitement haï du peuple et cela ne l'étonnait pas. C'était la tradition. Même aujourd'hui, vingt siècles plus tard, les inspecteurs et percepteurs d'impôts ne sont pas en odeur de sainteté auprès des contribuables.

Le terme *péager*, dans la bouche d'un israélite de l'époque du Christ, était donc insultant et répugnant. C'est donc médusés que les israélites apprirent que Jésus-Christ allait séjourner chez Zachée le péager. La suite est beaucoup plus excitante :

> «*Zachée, debout devant le Seigneur, Lui dit : Voici, Seigneur :* **Je donne aux pauvres la moitié de mes biens**, *et si j'ai fait tort de quelque chose à quelqu'un,* **je lui rends le quadruple**. *Jésus lui dit : Aujourd'hui le salut est venu pour cette maison, parce que celui-ci est aussi un fils d'Abraham*» (**Luc 19:8-9**).

Zachée est certainement l'un des bénéficiaires les plus surprenants de la grâce de Dieu, selon les Ecritures. On peut mentionner dans cette liste, le brigand qui accompagnait Jésus sur la croix, et l'apôtre Paul. Zachée et ce brigand étaient détestés de la population. Tandis que Saul de Tarse, Alias l'apôtre Paul, était détesté par la communauté chrétienne. En offrant librement la moitié de tous ses biens aux pauvres, Zachée démontrait que celui à qui on avait beaucoup pardonné, aimait beaucoup. L'offrande de Zachée traduisait un cœur brisé et contrit. Zachée avait-il été sommé d'agir ainsi ? Jésus lui avait-Il fait une suggestion dans ce sens ? Rien de tout cela. Zachée fut donc converti et prit, sans la moindre pression, des décisions conséquentes. Il venait d'être justifié comme Jésus l'a affirmé. Seul un cœur brisé et contrit pouvait passer d'une situation d'homme fortuné à un quasi appauvrissement au profit des pauvres. Gloire soit rendue à Dieu qui rendit cette transformation miraculeuse possible ! Ne nous trompons pas d'interprétation ! Ce n'est pas le don de la moitié de sa fortune aux pauvres qui valut à Zachée d'être sauvé. Bien au contraire, c'est son salut qui le rendit capable d'agir ainsi. La grâce vient de Dieu, et de Dieu seul. Elle ne vient pas des œuvres. Elle peut produire des œuvres comme dans le cas d'espèce. Mais elle pourra jamais être créée par une œuvre quelconque.

La repentance de Marie Madeleine

Marie Madeleine, dont l'histoire fait l'actualité chrétienne depuis la nuit des temps, était une pécheresse convertie au Christ. Des versions sérieuses des Ecritures la présentent comme une prostituée. Elle avait une sœur, Marthe, et un frère, Lazare, celui qui fut ressuscité par Jésus-Christ. C'était une famille habitant la ville de Béthanie en Israël, une famille que Jésus appréciait beaucoup. En tant que prostituée, Marie Madeleine était du rang social du bas-fond. Toutefois, par la grâce de la repentance et du pardon des péchés, elle devint servante du Seigneur, *un vase utile et propre à toute œuvre bonne* (**2Timothée 2:20-21**). Elle reçut du Seigneur un témoignage particulièrement rare car Jésus ne Se laissait pas facilement impressionner :

> *«En vérité, Je vous le dis, partout où la bonne nouvelle sera prêchée dans le monde entier, on racontera aussi en mémoire de cette femme ce qu'elle a fait.»* (**Marc 14:9**).

Selon l'Ecriture, Marie Madeleine est la première personne auprès de qui Jésus Se fit reconnaître après Sa résurrection (**Jean 20:15-17**). Il s'agit de signes distinctifs d'une personne que Jésus tenait en grande estime.

La scène la plus déterminante de sa repentance nous est relatée par les Ecritures ci-dessous :

> *«Six jours avant la Pâque, Jésus vint à Béthanie, où était Lazare qu'Il avait ressuscité d'entre les morts. Là, on Lui fit un repas ; Marthe servait et Lazare était un de ceux qui se trouvaient à table avec Lui. **Marie prit une livre d'un parfum de nard pur de grand prix, en répandit sur les pieds de Jésus et Lui essuya les pieds avec ses cheveux ;** et la maison fut remplie de l'odeur du parfum. Un de Ses disciples, Judas Iscariote, celui qui devait Le livrer, dit alors : Pourquoi n'a-t-on pas vendu ce parfum trois cents deniers pour les donner aux pauvres ? Il disait cela, non qu'il se mît en peine des pauvres, mais parce qu'il était voleur et que, tenant la bourse, il prenait ce qu'on y mettait. Mais Jésus dit : Laisse-la garder ce parfum pour le jour de Ma sépulture. Vous avez toujours les pauvres avec vous, mais Moi, vous ne M'avez pas toujours».* (**Jean 12:1-8**).

Cette histoire est également rappelée dans d'autres évangiles avec comme références : **Matthieu 23:6-13, Luc 7:36-48**. Jésus s'adressant à Simon, l'hôte des lieux, dit :

> *«Vois-tu cette femme ? Je suis entré dans ta maison, et tu ne M'as pas donné d'eau pour Mes pieds ; mais elle, elle a mouillé Mes pieds de ses larmes et les a essuyés avec ses cheveux. Tu ne M'as pas donné de baiser,*

> *mais elle, depuis que Je suis entré, elle n'a pas cessé de Me baiser les pieds. Tu n'as pas répandu d'huile sur Ma tête ; mais elle, elle a répandu du parfum sur Mes pieds. C'est pourquoi, Je te le dis, ses nombreux péchés sont pardonnés, puisqu'elle a beaucoup aimé. Mais **celui à qui l'on pardonne peu aime peu**. Et Il dit à la femme : Tes péchés sont pardonnés»* (**Luc 7:44-48**).

Le parfum est communément considéré comme un produit de luxe que l'on asperge par petites quantités. Les femmes, notamment les prostituées, l'apprécient beaucoup. Elles savent donc en faire bon usage, en prenant toutes les précautions pour en prolonger les effets. Le choix du parfum par Marie Madeleine n'était pas anodin. Cette femme offrait au Seigneur ce qu'elle avait de meilleur dans une existence mouvementée et peu glorieuse comme on peut l'imaginer des prostituées.

Outre le fait que ce geste fit sensation à cause de la cherté du parfum, on note qu'une fois le parfum libéré, Marie Madeleine n'allait plus le récupérer. C'est ici une signification symbolique de l'acte de repentance que le Seigneur attend de chaque chrétien. Une fois la vie du chrétien déposée à Ses pieds, tel un parfum de grand prix qu'on répand, jamais plus le chrétien ne la récupérera. La vie égoïste que le chrétien dépose aux pieds du Christ est à jamais perdue pour lui. Elle ne peut plus être récupérée. Seul Dieu peut en disposer à Sa guise. Tel est le sentiment de celui qui a le cœur brisé et contrit.

La repentance de Moïse

Moïse est l'homme que l'Eternel envoya pour conduire le peuple d'Israël hors d'Egypte, après quatre cents ans d'immigration ponctuée de dure servitude. Il reçut de Dieu un vibrant hommage de son vivant. Dieu dit de lui :

> *«Écoutez bien Mes paroles ! Lorsqu'il y aura parmi vous un prophète, c'est dans une vision que Moi, l'Éternel, Je Me ferai connaître à lui, c'est dans un songe que Je lui parlerai.* **Il n'en est pas ainsi de Mon serviteur Moïse. Il est fidèle dans toute Ma maison. Je lui parle de vive voix, Je Me fais voir sans énigmes, et il contemple une représentation de l'Éternel»** (**Nombres 12:5-8**).

Mais à une autre occasion, Moïse irrita Dieu qui mit alors un terme à sa mission. Moïse demanda pardon pour sa faute, mais Dieu ne revint pas sur Sa décision. On peut épiloguer tout le temps pour comprendre pourquoi Dieu mit fin au ministère de Moïse, mais épargna David. Il est clair, au premier abord, que le péché de Moïse fut davantage un péché de divination, contrairement à celui de David, un péché d'infidélité. Le péché de divination est une attaque frontale contre la sainteté de Dieu tandis que celui d'infidélité est indirect, par tiers interposé.

L'épisode qui nous intéresse, ici, concerne l'attitude de Moïse après la sanction divine. Moïse encadra de tout son cœur Josué que

Dieu avait choisi pour le remplacer. Moïse ne forma pas de sombres desseins contre son successeur tels ces monarques déchus qui s'en prennent à tout successeur étranger à leur arbre généalogique. En effet Josué, son successeur, était de la tribu d'Éphraïm tandis que Moïse était lévite. Comme on le voit plus loin, avec le roi déchu Saül, traquant à mort son successeur David jusqu'à brûler des villes entières soupçonnées d'intelligence, Moïse aurait pu mener la vie dure à Josué. Mais il fit le contraire et prépara Josué à lui succéder pour parachever l'œuvre de Dieu.

Bien que condamné irrémédiablement à ne pas entrer dans la terre promise, malgré quarante années de dur labeur, Moïse conserva un cœur brisé et contrit. La bénédiction prononcée sur les tribus d'Israël, au moment de ses adieux, en est la parfaite illustration (**Deutéronome 33:6-29**).

Ne nous y trompons pas. Dieu avait parfaitement pardonné à Moïse sa faute. Mais nous devons savoir que même si Dieu pardonne la faute et le crime, Il ne tient pas le coupable pour innocent. Moïse fut pardonné, mais n'était pas innocent. La preuve de ce pardon nous est confirmée par les Ecritures ci-après :

> *«Or, lorsqu'il contestait avec le diable et **discutait au sujet du corps de Moïse**, l'archange Michel n'osa pas porter contre lui un jugement injurieux, mais il dit : Que le Seigneur te réprime !»* (**Jude 1:9**).

Si Moïse n'avait pas été pardonné, jamais il n'aurait échappé au diable comme ci-dessus. D'autre part, jamais il ne serait réapparu lors de la transfiguration du Christ (**Matthieu 17:2-3**).

La repentance de Saül, roi d'Israël

Saül, premier roi d'Israël, ne fut pas intègre envers l'Eternel. En plus d'avoir désobéi au prophète Samuel au début de sa royauté, amenant ce dernier à prédire que son règne ne durerait pas, il commit l'erreur d'épargner les Amalécites – ennemis jurés d'Israël – que Dieu voulait supprimer. Lors d'une victoire contre ces Amalécites, le roi épargna les éléments que Dieu avait expressément ordonné de détruire. Cette méprise provoqua le courroux de l'Eternel qui le rejeta comme roi d'Israël en faveur de David (**1 Samuel 15:23, 16:1, 16:13**).

Il est vrai que le roi Saül se repentit (**1 Samuel 15:24**). Mais sa repentance fut fictive car il consacra une partie de son règne à pourchasser David qui avait été désigné pour lui succéder. Il le fit avec zèle jusqu'à faire périr des sacrificateurs et des villes soupçonnés d'intelligence avec le jeune élu. Il n'avait pas le cœur contrit et brisé par sa désobéissance. Il s'était juste repenti des lèvres. S'il avait eu le cœur brisé, il se serait rappelé au souvenir de sa faute, et aurait préparé David à lui succéder sur le trône d'Israël, comme fit Moïse envers Josué.

Le comportement de ce roi ingrat lui attira le courroux de Dieu. L'Eternel le fit périr, ainsi que ses plus vaillants fils, lors d'une bataille contre les philistins, autres ennemis d'Israël.

Le roi Saül n'eut pas l'attitude de Moïse que Dieu écarta au profit de Josué. Moïse n'eut aucune aversion envers ce successeur qu'il avait eu comme proche collaborateur pendant quarante ans. Bien au contraire, il le prépara à assumer une relève difficile par l'ampleur de la tâche. Bien que Dieu l'écartât de sa mission, sans possible retour arrière, Moïse apporta tout son concours à Josué, son successeur désigné. Moïse avait en effet un cœur brisé et contrit. Un cœur brisé et contrit vit constamment dans le sentiment d'être privilégié par la grâce du Père envers Ses enfants. Bien que Moïse ait supplié Dieu de revenir sur Sa sentence, l'opposition définitive de Dieu ne dissuada pas Moïse d'apporter tout son appui à son successeur désigné.

La repentance de l'homme qui devait dix mille talents

C'est une histoire racontée par Jésus-Christ en personne, pour expliquer l'importance du pardon, de la miséricorde et de la gratitude ; et comment une défaillance sur la question peut conduire au désastre, voire la perte du salut. L'Ecriture dit ceci :

«Alors Pierre s'approcha et Lui dit : Seigneur, combien de fois pardonnerai-je à mon frère, lorsqu'il pèchera contre moi ? Jusqu'à sept fois ? Jésus lui dit : **Je ne te dis pas jusqu'à sept fois, mais jusqu'à soixante-dix fois sept fois»** (**Matthieu 18:21-22**).

«C'est pourquoi, le royaume des cieux est semblable à un roi qui voulut faire rendre compte à ses serviteurs. Quand il se mit à compter, **on lui en amena un qui devait dix mille talents.** *Comme il n'avait pas de quoi payer, son maître ordonna de le vendre, lui, sa femme, et ses enfants, et tout ce qu'il avait, et de payer la dette. Le serviteur se jeta à terre, se prosterna devant lui et dit : Seigneur, prends patience envers moi, et je te paierai tout.* **Touché de compassion, le maître de ce serviteur le laissa aller et lui remit la dette.** *En sortant, ce serviteur trouva un de ses compagnons qui lui devait cent deniers. Il le saisit et le serrait à la gorge en disant : Paie ce que tu me dois. Son compagnon se jeta à ses pieds et le suppliait disant : Prends patience envers moi, et je te paierai. Mais lui ne voulut pas ; il alla le jeter en prison, jusqu'à ce qu'il ait payé ce qu'il devait. Ses compagnons, voyant ce qui arrivait, furent profondément attristés, et ils allèrent raconter à leur maître tout ce qui s'était passé. Alors le maître fit appeler ce serviteur et lui dit : Méchant serviteur, je t'avais remis en entier*

> *ta dette, parce que tu m'en avais supplié ; ne devais-tu pas avoir pitié de ton compagnon, comme j'ai eu pitié de toi ? Et son maître irrité le livra aux bourreaux jusqu'à ce qu'il ait payé tout ce qu'il devait.* **C'est ainsi que mon Père céleste vous traitera si chacun de vous ne pardonne à son frère de tout son cœur»** (**Matthieu 18:23-34**).

Ce passage des Ecritures est très riche d'enseignement. Ici, il est question de quelqu'un qui demande exonération pour une dette de dix mille talents alors qu'il est lui-même créancier à hauteur de cent deniers, un montant six cent mille fois inférieur selon la parité de l'époque – un talent valait six mille deniers. Le denier étant le salaire journalier d'un ouvrier, cent deniers représentaient tout de même trois mois de salaire ouvrier. Une belle somme donc.

Le gros débiteur n'avait pas été reconnaissant au roi pour la remise totale de sa dette si imposante. Il n'eut pas le cœur brisé et contrit. A peine venait-il de bénéficier de la grâce du roi, qu'il jeta en prison celui qui lui devait les cents deniers jusqu'à total remboursement. C'est ce qui s'appelle *faire aux autres ce qu'on ne voudrait pas que les autres nous fassent.* Le Seigneur ne l'entend pas de cette oreille. Grosse ou petite dette, la miséricorde et la gratitude ne sauraient en dépendre. Le roi n'avait pas exonéré le gros débiteur d'une partie seulement de sa dette, ce qui aurait toujours été un geste magnanime. Au contraire, il l'exonéra en totalité (**Matthieu 18:32**). Le gros débiteur aurait donc dû en faire autant pour le petit débiteur. Il ne le fit pas, hélas.

La suite fut dramatique pour le débiteur ingrat. Il fut rattrapé par le roi qui le jeta en prison jusqu'à ce que sa dette soit entièrement remboursée. Cette histoire devrait mettre les chrétiens en garde contre le refus du pardon, l'ingratitude en général. *Il n'y a pas de miséricorde pour ceux qui ne font pas miséricorde.*

Comme le roi révoqua sa grâce après avoir appris l'ingratitude du gros débiteur, le Seigneur nous fait comprendre qu'Il peut retirer Sa grâce à quiconque de Ses brebis ne fait pas miséricorde comme le Seigneur lui a fait miséricorde. Cet avertissement est fréquemment rappelé dans les Ecritures.

Cette réflexion nous amène à examiner une question qui fait souvent débat parmi les chrétiens : Dieu peut-Il révoquer le salut de quiconque a été scellé du Saint-Esprit par Sa grâce ?

Inscription et effacement du livre de vie : Peut-on être scellé du Saint-Esprit et aller à la perdition ?

*«Quiconque ne fut pas trouvé inscrit dans le **livre de vie** fut jeté dans l'étang de feu. C'est la seconde mort, l'étang de feu»* **Apocalypse 20:15**.

Une partie de l'église soutient qu'il est impossible qu'un chrétien, scellé du Saint-Esprit, puisse aller à la perdition de l'enfer. J'avoue que pendant longtemps, cette position fut aussi la mienne. Elle était aussi soutenue par un auteur célèbre, aujourd'hui disparu, que je tiens toujours en grande estime tant ses livres ont façonné plusieurs générations de chrétiens dans le monde, moi y compris. Mais des révélations récentes de l'Ecriture m'ont poussé à réviser ma position. En voici quelques directions.

Création et inscription dans le livre de vie de l'Agneau

Les Ecritures parlent d'un livre dénommé "*le livre de vie de l'Agneau*". C'est un livre dont l'origine se situe dès la fondation du monde. Il est en effet écrit :

> «*Tous les habitants de la terre l'adoreront, tous ceux dont le nom n'est pas inscrit, depuis l'origine du monde, dans **le livre de vie de l'Agneau** égorgé.*» (**Apocalypse 13:8/Bible Semeur** voir aussi **Apocalypse 17:8**).

Soyons honnêtes pour reconnaître qu'il s'agit d'un livre mystérieux, voire le plus redouté des livres, tous genres confondus. La présence ou non d'une personne dans ce livre relève du mystère total. Toutefois, l'inscription dans le livre de vie vaut garantie d'échapper à la seconde mort ou l'enfer. Il est en effet écrit :

> «*La mort et le séjour des morts furent jetés dans l'étang de feu. **C'est la seconde mort,***

> *l'étang de feu. Quiconque ne fut pas trouvé inscrit dans le **livre de vie** fut jeté dans l'étang de feu»* (**Apocalypse 20:14-15**).

Quand est-ce que ce livre fut écrit ? Selon les Ecritures, ce livre existe depuis la fondation du monde, c'est-à-dire dès la création d'Adam et Eve. Lorsqu'on parle du "monde", cela peut indiquer différentes époques de l'histoire. Ce *monde* peut comprendre les anges de Dieu. Dans ce cas, l'expression "monde" prend ses origines au début de la création de Dieu, lorsque Dieu était seul dans l'univers. Dans certains cas, le *monde* se situe à la création de l'homme sur la terre. D'autre fois, il peut s'agir du début de la nouvelle création de Dieu en Christ – Pentecôte. Enfin, certains peuvent situer la création du *monde* soit au début du millénium, soit au commencement de l'éternité sans larmes ni douleur, après que Satan et la mort auront été définitivement anéantis.

En procédant par élimination, partant du fait que Moïse en connaissait déjà l'existence (**Exode 32:32-33**), on peut déjà éliminer la nouvelle création de Dieu en Christ et suivant, notamment le millénium et l'éternité sans larmes ni douleur. Tout simplement parce que son existence était déjà connue de Moïse, acteur-clé de l'Ancien Testament. Reste à vérifier s'il s'agit du début de la création des anges, ou celui de l'homme. Le passage ci-dessous semble indiquer que le livre de vie de l'Agneau a été créé dès l'apparition de l'homme car il ne mentionne nulle part les anges. Il est en effet écrit :

> *«Et je vis **les morts, les grands et les petits, debout devant le trône**. Des livres furent ouverts, **et un autre livre fut ouvert**, qui est*

*le **livre de vie**. Les morts furent jugés d'après ce qui était écrit dans les livres, selon leurs œuvres. La mer donna les morts qui s'y trouvaient, la mort et le séjour des morts donnèrent les morts qui s'y trouvaient, et ils furent jugés chacun selon ses œuvres. **La mort et le séjour des morts furent jetés dans l'étang de feu**. C'est la seconde mort, l'étang de feu. **Quiconque ne fut pas trouvé inscrit dans le livre de vie** fut jeté dans l'étang de feu»* (**Apocalypse 20:12-15**).

Dans ce passage des Écritures, il n'est fait allusion à aucun être céleste comme devant être jugé à partir du livre de vie : les anges, archanges, séraphins, chérubins, les quatre êtres vivants et les vingt-quatre anciens. Aussi confirmons-nous que le livre de vie de l'Agneau ne doit son commencement qu'à la fondation du monde des humains.

Qui est inscrit dans le livre de vie de l'Agneau ? Comme son nom l'indique, il s'agit de celui qui a un rapport avec l'Agneau de Dieu : Jésus-Christ. Attention, l'Écriture précise bien qu'il existe d'autres livres en plus du livre de vie. Il est en effet écrit dans l'extrait ci-dessus : «***Des livres furent ouverts, et un autre livre fut ouvert, qui est le livre de vie***» (**Apocalypse 20:12**). Ainsi seuls ceux qui sont appelés à être rachetés par le sang de l'Agneau font partie du livre de vie. Ils ont été inscrits dès la création du premier homme Adam. Car c'est à la création du monde des humains qu'Adam et Eve ont péché. C'est donc en ce moment-là que le rachat de la descendance adamique par le sang de l'Agneau a été programmé. Les inscrits du livre de vie sont donc les descendants d'Adam et Eve, car ils sont appelés à être rachetés par le sang de l'Agneau.

Nous devons signaler que nulle part, dans les Ecritures, il n'est indiqué une inscription postérieure à la création d'Adam et Eve. L'inscription dès la fondation du monde des humains fut donc définitive. En revanche, les Ecritures mentionnent des suppressions postérieures à la fondation du monde (**Apocalypse 3:5**), comme nous le verrons ci-après.

Nous voulons enfin insister sur une vérité dont le sens peut être tordu par des gens mal affermis. Personne et absolument personne, à part Dieu et l'Agneau, n'est au courant du contenu du livre de vie. On peut imaginer que ce contenu comprend, en plus des noms, bien d'autres informations sur l'itinéraire de chacun sur la terre, de la naissance à la mort. Mais personne ne doit prétendre en connaître le contenu exact. Il m'est arrivé de découvrir que plusieurs chrétiens insistaient sur la destinée et des méthodes permettant d'identifier les éléments relatifs au futur d'un chrétien. Nous devons dénoncer ces pratiques qui ne sont pas soutenues par les Ecritures. Il n'a été donné à aucun homme de savoir, avant l'avènement d'un acte, ce qui était écrit dans le livre de vie le concernant. Moïse a demandé à Dieu de l'effacer de ce livre s'Il persistait à balayer Israël de la surface de la terre. David a demandé à Dieu de ne pas lui retirer Son Esprit Saint après son crime. Le prophète Jérémie et l'apôtre Paul avaient compris que Dieu les avait prédestinés avant le sein maternel à Lui être consacrés. Mais ces informations ne leur avaient jamais été communiquées avant le Saint-Esprit, ni par qui que ce soit, ni par un procédé quelconque.

Effacement des noms du livre de vie de l'Agneau

Commençons par tirer rapidement avantage de la parabole du gros débiteur qui devait dix mille talents. On voit bien que le roi révoque sa grâce et jette le débiteur ingrat en prison. Ce roi est Jésus-Christ puisque la parabole est de Lui. Si ce roi est revenu sur sa remise totale de dette pour emprisonner le débiteur ingrat, le Seigneur nous indique qu'Il peut révoquer la grâce accordée à un chrétien si ce dernier refuse de faire miséricorde aux autres. En effet, le salut est la plus grande miséricorde accordée par Dieu à un chrétien. D'autres faits marquants des Ecritures soutiennent ce regard, comme ci-dessous.

> *«Ainsi le vainqueur se vêtira de vêtements blancs, **Je n'effacerai pas son nom du livre de vie** et Je confesserai son nom devant Mon Père et devant Ses anges»* (**Apocalypse 3:5**).

En disant qu'Il n'effacera pas le nom du vainqueur de Son livre de vie, le Seigneur Jésus indique clairement que la **possibilité d'effacer un nom de ce livre existe**, notamment le nom d'un chrétien car le message de Jésus s'adresse aux sept églises dont les membres sont les chrétiens. Cette déclaration est tirée du Nouveau Testament ou *régime nouveau de l'Esprit qui fait vivre*. Nous nous souvenons aussi que Moïse exigea que l'Eternel revienne sur Sa décision de rayer Israël de la terre pour bâtir une nouvelle génération à partir de lui. Moïse préféra être effacé du **livre de vie** plutôt que d'exécuter la menace de l'Eternel (**Exode 32:32-33**). Autre occasion, après son crime confessé, le roi David pria l'Eternel de ne pas lui retirer le Saint-Esprit (**Psaumes 51:11**), ce qui signifiait son effacement du livre de vie.

L'apôtre Paul fit des déclarations assez surprenantes, laissant entrevoir qu'un chrétien, né de nouveau, ayant bu à la mamelle du Saint-Esprit, puisse se faire éjecter du salut. En voici un extrait :

> *«Au contraire, je traite durement mon corps et je le tiens assujetti, **de peur, après avoir prêché aux autres, d'être moi-même disqualifié**» (**1 Corinthiens 9:27**) ?*

Si ce verset donne à penser que la disqualification dont parle Paul peut être liée à son apostolat – telle la mission de Moïse que Dieu interrompit – le passage suivant semble plus explicite sur le fait que cette disqualification peut aller jusqu'à la perte de l'âme.

> *«Quant à nous, nous ne sommes pas de ceux qui se retirent pour se perdre*, mais de ceux qui croient pour **sauver leur âme**»* (**Hébreux 10:39**).
> *La version anglaise parle de *perdition* (**Authorized Version 1769**).

Partout dans les Ecritures, le salut de l'âme s'oppose à la perdition de l'enfer. Lorsqu'il n'est pas question d'échapper à l'enfer, on ne mentionne pas l'âme comme devant être sauvée. Il existe une rétribution des enfants de Dieu qui persévèreront jusqu'à la fin : ils prendront part à la première résurrection car la seconde mort – enfer – n'aura pas d'effet sur eux (**Apocalypse 20:6**). Ainsi quand il n'est pas question de sauver une âme de l'enfer, on parle plutôt de récompenser les saints sur lesquels la seconde mort n'a plus de pouvoir. En quoi consistera cette récompense ? Réponse : *Ils seront sacrificateurs de Dieu et du Christ, et ils règneront avec Lui pendant les mille ans.*

En outre, il est écrit :

> *«En effet, si, après avoir reçu la connaissance de la vérité, nous vivons délibérément dans le péché, il ne reste plus pour nous de sacrifice pour les péchés. La seule perspective est alors **l'attente terrifiante du jugement et le feu ardent qui consumera tous ceux qui se révoltent contre Dieu**. Celui qui désobéit à la Loi de Moïse est mis à mort sans pitié, si deux ou trois témoins déposent contre lui. A votre avis, si quelqu'un couvre de mépris le Fils de Dieu, s'il considère comme sans valeur le sang de l'alliance, par lequel il a été purifié, **s'il outrage le Saint-Esprit**, qui nous transmet la grâce divine, **ne pensez-vous pas qu'il mérite un châtiment plus sévère encore ?»** (***Hébreux 10:26-29/Bible Semeur***).*

Dans cet extrait, il est question d'une personne ayant auparavant été **purifiée** – donc un chrétien – et qui s'expose désormais, et *délibérément*, à ***l'attente terrifiante du jugement et***

le feu ardent qui consumera tous ceux qui se révoltent contre Dieu. On peut bien voir que ce n'est pas dans la Jérusalem d'en haut – Céleste – qu'un feu consumera les élus car dans cette cité, il n'y aura plus ni larmes, ni douleur. Ce n'est qu'en enfer qu'une telle tragédie se produira.

Enfin, voici une déclaration du Seigneur Jésus-Christ qui donne froid au dos. Elle est adressée aux chrétiens en guise de dernier avertissement :

> ***«Que celui qui est injuste soit encore injuste, que celui qui est souillé se souille encore, que le juste pratique encore la justice, et que celui qui est saint soit encore sanctifié ! Voici : Je viens bientôt, et J'apporte avec Moi Ma rétribution pour rendre à chacun selon son œuvre»*** **(Apocalypse 22:11-12)**.

Par cet avertissement, Jésus-Christ fait savoir ce qui suit : *«Trêve de bavardage ! Si un chrétien veut se sauver, qu'il se sauve ! Si un chrétien veut aller en enfer, qu'il aille en enfer !»*

Même s'il est cruel de l'admettre, l'absence d'un cœur brisé et contrit matérialisant la repentance peut mener à la perdition du chrétien. Certains pourraient objecter que l'absence de repentance prouve qu'on n'a jamais été véritablement un chrétien, c'est-à-dire qu'on est demeuré païen depuis toujours. Cette possibilité existe bien et l'Ecriture la mentionne. Mais l'Ecriture cite aussi ceux qui ont mené jadis une véritable repentance avant d'oublier la grâce reçue, comme le gros débiteur qui devait dix mille talents. Si ce dernier bénéficia, dans un premier temps, d'une remise totale de dette, c'est parce qu'il s'était vraiment repenti auprès du roi, son créancier. Mais il oublia vite la grâce du roi en sa faveur. L'oubli est une maladie de l'esprit qu'il faut soigner à défaut de dénoncer. Cet oubli lui fit commettre un impair et son monde s'écroula. En tentant désespérément d'obtenir le remboursement d'une créance six cent mille fois inférieure à sa dette, il provoqua le courroux du roi qui révoqua sa grâce. **Dieu peut révoquer Sa grâce envers un chrétien ingrat qui ne fait pas miséricorde.**

C'est la leçon que le Seigneur veut donner à Ses chrétiens. Il les a graciés en leur évitant la perdition de l'enfer. Il ne veut pas qu'ils oublient. C'est malheureusement l'erreur des chrétiens ayant la mentalité de Laodicée.

L'erreur des chrétiens de Laodicée : l'oubli qu'on est sauvé par la grâce et non par les œuvres

> «*Je connais tes œuvres :* **tu n'es ni froid ni bouillant.** *Si seulement tu étais froid ou bouillant ! Ainsi, parce que tu es tiède et que tu n'es ni froid ni bouillant, Je vais te vomir de Ma bouche.* **Parce que tu dis : Je suis riche, je me suis enrichi et je n'ai besoin de rien, et parce que tu ne sais pas que tu es malheureux, misérable, pauvre, aveugle et nu,** *Je te conseille d'acheter chez Moi de l'or éprouvé par le feu, afin que tu deviennes riche, et des vêtements blancs, afin que tu*

> *sois vêtu et que la honte de ta nudité ne paraisse pas, et un collyre pour oindre tes yeux, afin que tu voies. Moi, Je reprends et Je corrige tous ceux que J'aime. Aie donc du zèle et repens-toi !»* **Apocalypse 3:15-19.**

De qui s'agit-il ? Imaginons ces chrétiens à qui tout réussit. Ils mènent une vie spirituelle à succès. Ils amènent plusieurs païens au Seigneur. Leurs actions – œuvres – en faveur des enfants de Dieu sont remarquables et dignes d'appréciation. Leur vie sociale est irréprochable. Ces chrétiens finissent par déduire que leur succès tient au fait qu'ils obéissent parfaitement à la volonté de Dieu, Lequel les récompense en retour. Bon nombre de ces chrétiens finissent aussi par déduire que ceux qui connaissent des problèmes ont des choses peu glorieuses à cacher, tel un péché immonde, un crime couvert, etc. C'est le cas des trois amis de Job qui finirent par mettre les malheurs persistants de ce noble sur ses crimes cachés. Ils avaient bien sûr tout faux, comme Dieu le leur fit savoir, au point de lier leur rédemption à l'intercession de Job (**Job 42:7-9**).

C'est le cas du pharisien qui se moquait du péager pécheur en se vantant de jeûner deux fois par semaine et de donner la dîme de tous ses revenus. Voici la réponse du Seigneur à son sujet : *«Le péager descendit dans sa maison justifié, plutôt que le pharisien. Car quiconque s'élève sera abaissé, et celui qui s'abaisse sera élevé»* (**Luc 18:14**). Une vie chrétienne bien assumée ne saurait remplacer l'unique condition de notre salut : la grâce par le moyen de la foi.

> *«C'est par la grâce en effet qu'on est sauvé, par le moyen de la foi, et cela ne vient pas de nous, c'est le don de Dieu»* (**Ephésiens 2:8**).

Le don de Dieu ne devrait donc pas être source d'arrogance comme s'il émanait de l'homme. Hélas, le succès a tendance à faire oublier à leurs auteurs la grâce divine qui les sauve. En croyant que le succès dépend d'un comportement exemplaire de leur part, certains chrétiens finissent par imposer, comme leçon des choses, que tout chrétien ayant des difficultés est un pécheur dissimulé. Ce qui n'est pas vrai. Sara n'était pas réputée méchante avant de souffrir de stérilité pendant plus de la moitié de son existence. Il en est de même de Rebecca, Rachel, Anne – mère de Samuel – et Elisabeth – mère de Jean le baptiste – qui attendirent toutes, de nombreuses années, avant d'accoucher leur premier enfant. Au lieu de compter sur la grâce du Seigneur qui, seul, fait toutes choses, ces chrétiens développent une théorie du mérite qui meuble leur religion.

Les chrétiens qui ont la mentalité de Laodicée sont donc ceux qui ont fondé leur succès sur le mérite et non sur la grâce. Pour eux, le chrétien qui ne réussit pas est un pécheur qui a des choses à cacher. Ces chrétiens de Laodicée s'expriment avec une arrogance à peine voilée. Même lorsqu'ils dénoncent l'arrogance comme un péché, ils le confessent seulement des lèvres. Leur vécu les trahit. Ils sont incapables de délier la sandale de l'apôtre Paul qui vécut ses quinze dernières années en prison quand d'autres apôtres du Christ étaient libres. Dieu maintint dans le corps de Paul une écharde qui le faisait souffrir, au motif que Sa grâce seule lui suffisait (**2 Corinthiens 12:7**). Les chrétiens ayant la mentalité de

Laodicée soutenaient alors que l'apôtre Paul marchait par la chair d'où ses problèmes récurrents (**2 Corinthiens 10:2**).

Ce que Dieu attend, c'est un cœur brisé et contrit, un cœur qui confesse régulièrement son incapacité comme le péager pécheur de **Luc 18:10-14**. Les chrétiens arrogants irritent le Seigneur qui les recadrera en leur montrant qu'en dehors de Sa grâce, c'est *l'attente terrifiante du jugement et le feu ardent qui consumera tous ceux qui se révoltent contre Dieu*. Pourquoi le Seigneur justifia-t-Il le péager pécheur qui se plaignait de ses échecs, mais condamna le pharisien imbu de ses succès. C'est parce que le péager espérait la grâce de Dieu tandis que le pharisien s'appuyait sur son mérite. Le péager avait le cœur brisé et contrit, contrairement au pharisien qui ne voyait pas qu'il était *malheureux, misérable, pauvre, aveugle et nu*.

Nous avons tous abrité la mentalité de Laodicée au moins une fois dans notre vie chrétienne. L'écharde dans la chair dont souffrait l'apôtre Paul, sous la puissante main de Dieu, est là pour nous indiquer que même le célèbre apôtre Paul fut rattrapé dans son orgueil, tellement il brillait et prospérait dans les révélations et la connaissance. Désirant à tout prix être délivré de cette indisposition physique, il reçut une réponse sans équivoque du Seigneur : «*Ma grâce te suffit*» (**2 Corinthiens 12:7-9**). C'était une façon de lui rappeler que toutes ses prouesses spirituelles n'avaient rien à voir avec son salut, mais que ce salut reposait UNIQUEMENT sur la grâce de Dieu. C'est à partir de cet incident qu'il fit cette déclaration :

> *«C'est pourquoi je me plais dans les faiblesses, dans les outrages, dans les*

privations, dans les persécutions, dans les angoisses, pour Christ» (**2 Corinthiens 12:10**).

Il importe donc qu'une fois le chrétien recadré comme ci-dessus, il cesse de s'appuyer sur ses prouesses spirituelles pour reconnaître l'importance de la grâce de Dieu comme socle de son salut. C'est ainsi qu'il conservera un cœur brisé et contrit et évitera la mentalité de Laodicée.

Il est important que les chrétiens ne s'évertuent pas à se demander s'ils peuvent aller en enfer ou non, mais à tout faire pour **ne pas être** disqualifiés après avoir été utiles au Maître.

Dieu pardonne la faute mais ne tient pas le coupable pour innocent

*«L'Éternel passa devant Moïse en proclamant : L'Éternel, l'Éternel, Dieu compatissant et qui fait grâce, lent à la colère, **riche en bienveillance et en fidélité**, qui conserve Sa bienveillance jusqu'à mille générations, **qui pardonne la faute, le crime et le péché, mais qui ne tient pas le coupable pour innocent**, et qui punit la*

> *faute des pères sur les fils et sur les petits-fils jusqu'à la troisième et à la quatrième génération de ceux qui Le détestent !»* **Exode 34:6-7.**

> *«Éternel, notre Dieu, c'est Toi qui leur as répondu. Tu fus pour eux un Dieu qui pardonne, **Mais qui tire vengeance de leurs agissements**» **Psaumes 99:8.***

Il existe, hélas, de nombreuses déformations dans la pensée populaire à propos du pardon. Pour le commun des mortels, pardon et oubli sont quasi synonymes. Tel n'est malheureusement pas le sentiment de Dieu. En *pardonnant la faute, Dieu ne tient pas le coupable pour innocent.* Autrement dit, Dieu pardonne mais n'oublie jamais. Il *tire vengeance des agissements* du coupable.

Les chrétiens doivent, ici, être vigilants et bien comprendre la pensée de Dieu, s'ils veulent poursuivre une sanctification sans heurt. Même si Dieu retarde une sanction, elle se produira un jour, sauf avis contraire du même Dieu (**Jérémie 18:7-1**). Reste la question du moment opportun. Beaucoup d'hommes et de femmes pensent que Dieu est oublieux parce qu'ils ne sont pas sanctionnés aussitôt leurs forfaits commis. C'est prendre la miséricorde de Dieu pour du laxisme. Dieu n'est pas laxiste. Dans Sa miséricorde et Son amour, Il a décidé d'agir différemment selon que l'acte est bon ou mauvais. Il récompense fortement le bien, mais sanctionne moindrement le mal. C'est une mesure d'amour et de grâce envers Ses créatures qu'Il chérit, bonnes ou méchantes. Dieu récompense abondamment dans le dessein d'encourager le juste à persévérer dans la voie de la justice. Cependant, Dieu donne du temps au fautif afin qu'il se repente et revienne de ses mauvaises voies. Mais si le fautif persiste dans le mal, Dieu laissera alors agir Sa colère. N'oublions pas qu'Israël, à force d'irriter Dieu par l'adoration des divinités étrangères, finit par être déporté en Assyrie et à Babylone, dans des scènes d'horreur défiant tout entendement. De nombreux israélites pensaient que Dieu ne Se souciait pas de leur désobéissance, tant Il était patient et lent à la colère ; tant Il faisait miséricorde chaque fois que les israélites criaient à Lui. A tel point que des incrédules traitaient Dieu d'aveugle et sourd. Ces actes de miséricorde étaient réels. Mais les israélites ne firent rien pour regretter leurs inconduites. Sans cesse, ils recommençaient à irriter Dieu par des actes de méchanceté, jusqu'à ce que Dieu finisse par les déporter hors de la terre promise pendant soixante-dix ans. Ils n'avaient point le cœur brisé et contrit.

Une autre déviation enregistrée dans le comportement des chrétiens, c'est de croire que le pardon efface les conséquences de la faute. Faux et archifaux. Nulle part, dans les Ecritures, Dieu n'a effacé les conséquences des fautes commises par Ses enfants, au nombre desquels Abraham et David. En voici une illustration :

Abraham. La stérilité persistante de son épouse Sara, ajoutée à la perspective de ne pas avoir de descendance, poussa celle-ci, âgée alors de soixante-quinze ans, à mettre sa servante Agar sur le lit de son mari Abraham. Agar enfanta ainsi Ismaël. Mais Dieu refusa qu'Ismaël hérite d'Abraham. Quatorze ans après, Sara enfanta Isaac, l'héritier attendu. Bien que la présence d'Ismaël constituât un danger pour Isaac, Dieu permit à Ismaël de vivre et d'engendrer douze princes. Autant dire que, pour chacune des douze tribus d'Israël, fils d'Isaac, il y avait un prince ennemi à la porte. Chaque tribu d'Israël devait vivre avec un caillou dans la chaussure nommé Ismaël. Dieu n'a donc pas effacé la conséquence de l'acte désespéré de Sara. Dieu pardonna la précipitation de Sara dans l'affaire d'Ismaël, mais maintint ce dernier en vie jusqu'à ce jour.

David. David, l'homme selon le cœur de Dieu, provoqua intentionnellement la mort d'un de ses généraux, après avoir triché avec la femme de ce dernier. Il obtint le pardon de Dieu au terme de sa repentance. Mais Dieu vengea l'acte abominable du monarque. Son fils aîné fut assassiné par son demi-frère Absalom. Ce dernier intenta un coup d'Etat contre son père David, provoquant une grande tragédie en Israël pour le contrôle du pouvoir. Dieu pardonna la faute de David, mais ne le tint pas pour innocent car Israël fut ensanglanté à cause de cela.

Adam. En livrant Jésus à la croix de Golgotha, Dieu fit comprendre aux descendants d'Adam *qu'Il a tant aimé le monde – adamique – qu'Il a donné Son Fils unique, afin que quiconque croit en Lui ne périsse pas, mais qu'il ait la vie éternelle* (**Jean 3:16**). Tout descendant d'Adam a donc le droit d'obtenir absolution en invoquant le nom de Jésus. Les chrétiens sont-ils pour autant exonérés de la mort physique ? Bien sûr que non. Ils meurent aussi. Pourquoi les chrétiens continuent-ils de mourir alors que la faute, ayant valu la condamnation à mort d'Adam, a été expiée sur la croix par Jésus ? Parce que Dieu pardonne la faute, le péché et le crime, mais n'efface pas les conséquences de ceux-ci.

Israël. Israël refusa une première fois d'entrer dans la terre promise, après que ses éclaireurs firent un rapport intimidant sur la supériorité des peuples de l'endroit. Dans Sa colère, Dieu voulut exterminer le peuple israélite pour son incrédulité. Mais Moïse plaida et obtint l'absolution. Cependant, en représailles, Dieu décida de reporter de quarante années l'entrée dans la terre promise, le temps de supprimer tous les hommes vaillants, coupables de cette forfaiture. Dieu mit à exécution Sa sentence durant les quarante années de pèlerinage du peuple israélite au Désert. Dieu pardonna-t-Il ? Oui car, en définitive, Israël est aujourd'hui parfaitement installé sur la terre promise. Dieu effaça-t-Il pour autant les conséquences de leur désobéissance ? Non, puisqu'Israël se retrouva, quarante années plus tard, avec une génération amputée de ses vieillards.

La bonne nouvelle est qu'en dépit des péchés de Ses enfants, Dieu finit par atteindre Ses objectifs. Toutefois, les chrétiens doivent se garder de répandre un message erroné, tel que dire à une ancienne prostituée que sa conversion l'a rendue physiquement vierge. Il me souvient d'avoir lu cette information dans un livre chrétien. Cela n'est pas vrai. Elle n'est plus vierge. Toutefois Dieu peut reconstruire la vie de la prostituée repentie, et la conduire vers la vie éternelle. Elle pourra retrouver une vie conjugale par la grâce de Dieu. Mais son ancienne vie lui pèsera le restant de ses jours. Dire à une ancienne prostituée que sa conversion l'a rendue vierge, c'est dire à un repris de justice que sa conversion a blanchi son casier judiciaire. Ce n'est pas vrai. Il suffit de faire un détour par les greffes de la justice pour constater que son casier judiciaire reste maculé. De nombreux messages anti-scripturaires ont plongé les chrétiens dans la confusion car ils ne s'accompliront jamais. La grâce de Dieu est cependant insondable (**Jérémie 18:7-1**). Toutefois, sans un miracle spécifique, il ne faut pas diffuser un message anti-scripturaire, ni enseigner une grâce illusoire qui donnerait de Dieu l'image d'un Dieu *trop bon trop con*. C'est seulement à la résurrection des morts que le passé sera enterré et que, comme l'a dit le Seigneur, les chrétiens seront comme les anges de Dieu au ciel, sans distinction de genre (**Matthieu 22:30**). Il n'y aura plus ni douleur, ni larmes.

Précision : Le pardon de Dieu est total et parfait

> *«Si nous confessons nos péchés, Il est fidèle et juste pour **nous pardonner nos péchés et nous purifier de toute injustice**»* **1 Jean 1:9**.

Il nous faut lever toute équivoque afin que des esprits mal affermis ne détournent ce chapitre par des interprétations erronées et égoïstes.

En interpellant les chrétiens sur le fait que *«Dieu ne tienne pas le coupable pour innocent»*, en aucune façon, nous ne soutenons que le pardon de Dieu soit partiel ou conditionnel. Non, le pardon de Dieu est total et parfait. La seule nuance que nous avons introduite est qu'il ne faut pas confondre le pardon de Dieu, total et parfait, avec l'oubli de la faute pardonnée. Car Dieu pardonne mais n'oublie jamais.

Le fait de dire que *Dieu ne tient pas le coupable pour innocent* ne signifie pas que Dieu continue de lui imputer la faute. Autrement, il n'y aurait pas de pardon. Non, Dieu pardonne totalement et parfaitement. Mais c'est une malformation païenne que de vouloir que Dieu oublie la faute pardonnée. L'homme de ce monde, c'est connu, est un pécheur multirécidiviste à qui il arrive de reconnaître ses fautes. Lorsqu'il ne se repend pas, sa conscience l'accuse et le prive de paix et de sérénité. C'est pourquoi il désire que sa faute soit non seulement pardonnée, mais aussi oubliée. Mais Dieu n'est pas de cet avis. C'est comme le petit enfant qui a commis un larcin. Il ne souhaite pas être puni du bâton dont la vue le rend malade. Il a peur et c'est normal. Il n'entend pas être pincé pour la faute commise. Pourtant sa mère l'aime et ne peut le priver de correction, faute de quoi, le petit enfant grandira à contrecourant de la vertu. Les hommes refusent également la punition de Dieu. Ils veulent que Dieu pardonne sans les punir. Comme il est impossible à maman de priver le petit enfant de la punition méritée, Dieu aussi ne peut tenir le coupable pour innocent. Après la punition, maman continuera à chérir son petit enfant. Dieu fait de même envers Ses enfants, qu'ils s'appellent Moise, David, Paul ou Untel.

Au terme de l'Ecriture, il ressort que c'est la volonté de Dieu que le péché soit pardonné mais JAMAIS oublié. Le fait de ne pas oublier le péché ne signifie pas que Dieu garde dent au fautif. Dieu n'est pas rancunier après avoir pardonné. Cependant, Il tient à maintenir le souvenir de la faute pour Sa gloire et Sa pédagogie. Plusieurs exemples des Ecritures peuvent être cités pour illustrer cette vérité : l'inceste de Ruben, fils aîné de Jacob, la faute de Moïse près des eaux de Mara, l'adultère de David, etc. Dieu pardonna parfaitement à ces célèbres serviteurs. Toutefois, pour Sa gloire et Sa pédagogie, Dieu rappela continuellement le souvenir de leurs fautes aux générations futures.

Dieu tient à maintenir l'histoire de la faute afin de montrer au diable que toutes ses œuvres obscures de destruction ne remettront jamais en cause Son plan éternel, conçu avant la fondation du monde. En maintenant l'histoire d'une faute, Dieu veut montrer qu'Il est Dieu et Tout-Puissant. Qu'Il a le pouvoir de redresser le malheureux et le vil pour les faire asseoir parmi les nobles. Il a le pouvoir de racheter une prostituée pour la faire siéger parmi les femmes distinguées – cas de Rahab de Jéricho et de Marie Madeleine de Béthanie. Il a le pouvoir de faire revivre les ossements humains. Il a tous pouvoirs. Le rappel de la faute ne remet pas en cause le fait que le pardon de Dieu soit total et parfait. **Rappeler aux hommes leurs fautes pardonnées est la pédagogie de Dieu pour éviter les récidives.**

C'est la précision qu'il fallait apporter pour éviter des malentendus préjudiciables à la compréhension du fait que Dieu ne tienne pas le coupable pour innocent malgré le pardon accordé.

A travers le fait que Dieu ne tienne pas le coupable pour innocent, il ne faut pas comprendre une entorse au caractère parfait de la grâce de Dieu. Il faut comprendre que les conséquences du péché ne sont pas effacées comme certains chrétiens, mal affermis, le pensent. C'est une marque de la toute-puissance de Dieu que Sa volonté s'accomplisse en dépit des œuvres du diable. Il est l'Alpha et l'Oméga.

Dieu invite Ses enfants à ne jamais se décourager parce qu'un péché conserve son histoire devant les hommes. Après tout, chacun doit assumer ses actes, même les plus honteux. Toutefois, en poursuivant la sanctification, les conséquences d'un péché seront supplantées par la grâce surabondante de Dieu. David, les frères de Joseph, Paul, Abraham, Moïse et bien d'autres en firent l'expérience. Leurs écarts de conduite laissèrent des traces indélébiles. Mais ils triomphèrent par la surabondance de la grâce sur la faute.

LE CŒUR BRISE ET CONTRIT QUE DIEU ATTEND DES CHRETIENS

La repentance est un changement d'attitude

«Produisez donc des fruits dignes de la repentance» **Luc 3:8**.

Sans changement de comportement et d'attitude, le pardon demandé et la repentance qui s'en suit ne sont que des gesticulations. Les frères de Joseph avaient été meurtris par leur acte criminel, aussi changèrent-ils d'attitude comme le remarqua le gouverneur Joseph avant de se démasquer. Joseph découvrit à quel point ses frères regrettaient leur comportement passé. David changea d'attitude après son crime, pour marquer son cœur brisé et contrit. Il prit pour femme la veuve éplorée du général assassiné et lui suscita un fils qui régna sur Israël après lui. Moïse changea d'attitude après son geste déplacé près des eaux de Mara, en préparant son successeur Josué à bien honorer le reste de la mission divine de conduire les israélites dans la terre promise.

Le roi Saül, en revanche, ne changea pas de comportement après ses déviations. Il résolut de tuer David, son successeur désigné. Il brûla même des villes entières soupçonnées d'intelligence avec David. Il n'avait pas un cœur brisé et contrit.

Le débiteur qui devait dix mille talents au roi ne changea pas de comportement après la remise de sa dette. Il tortura le malheureux qui lui devait une somme six cent mille fois inférieure.

Les chrétiens sont appelés à changer de comportement après leur conversion. Il est triste de constater l'absence de changement chez un chrétien, entre ce qu'il était avant et ce qu'il est devenu après sa conversion. Ce chrétien, assurément, s'abuse lui-même.

Changement d'attitude du chrétien : Passer de la nature humaine à la nature divine

Dieu a rejeté la nature du premier Adam car Dieu est saint

L'examen de l'ensemble des Ecritures met en évidence ceci : Dieu est saint. Ses enfants doivent être saints comme Il est saint. S'il fallait décrire la sainteté de Dieu, tous les livres de la terre ne suffiraient pas. Et même si on les éditait, on se fatiguerait à ne lire que le centième. Il nous reste donc à analyser le comportement de ce Dieu saint dans les circonstances où Il est en action.

Nous remarquerons par exemple que Dieu rejette toute désobéissance directe envers Lui, ainsi que les auteurs de cette désobéissance. Il s'agit d'un rejet définitif car la désobéissance directe est un crime de divination (**1 Samuel 15:23**). A cause de Sa sainteté, Dieu rejette aussi tout ce qui entre en contact avec ce qui est souillé. Lorsque Dieu pardonne au fautif, Il ne revient plus en arrière à travers le processus qui a échoué. C'est-à-dire que lorsque

Dieu accorde une seconde chance au fautif, Il passe par un processus nouveau et immaculé. Quelques cas concrets nous aideront à bien comprendre cette attitude de Dieu.

La sainteté dans l'ancien testament. Dieu avait, par Moïse, désigné ce qui était pur et ce qui était impur. Il exigeait par exemple que quiconque entre en contact avec une personne impure, se purifie au même titre que la personne impure. Les vases de terre sur lesquels s'asseyait une personne impure étaient brisés, tandis que les récipients en métal étaient lavés à l'eau. Par cette purification, Dieu rappelait aux israélites qu'Ils devaient *être saints comme Il est saint*. Comme les israélites ne pouvaient s'empêcher de réutiliser les vases métalliques après souillure – car le métal n'est pas aisément dégradable – Dieu exigea qu'ils soient lavés à l'eau, tandis que les vases de terre souillés étaient brisés et irrécupérables.

Remplacement du processus d'entrée dans la terre promise après la désobéissance d'Israël. Israël refusa une première fois d'entrer dans la terre promise, après que des éclaireurs firent un rapport intimidant sur la supériorité des habitants de l'endroit. Dans Sa colère, Dieu décida de reporter de quarante années l'entrée dans la terre promise, le temps de supprimer tous les coupables de cette désobéissance. Par ce report, Dieu remplaça le processus initial, que les israélites avaient rejeté, par quarante années de pèlerinage dans le désert. Dans un sursaut de repentance, ceux qui ne prirent pas la sentence de Dieu au sérieux furent tués en voulant, à tout prix et malgré l'avertissement, investir la terre promise. Le report de l'entrée en terre promise était la manifestation de la sainteté de Dieu.

Le rejet de la royauté de Saül au profit de David. La défaillance du roi Saül dans le projet de détruire les Amalécites provoqua son rejet comme roi d'Israël au profit de David (**1 Samuel 15:20-23**). Ayant désobéi à l'ordre de Dieu, Saül fut rejeté. La royauté en Israël passa de Saül à David. Dieu pardonna à Israël la désobéissance de son roi, mais couronna une nouvelle dynastie à la place de la première.

On peut tirer les mêmes leçons sur la sainteté de Dieu en observant le remplacement de Moïse par Josué, le remplacement du sacerdoce lévitique et ses sacrifices d'animaux par le sacerdoce de Christ, etc.

C'est donc une manifestation vivante de la sainteté de Dieu que ce qui a échoué devant Lui ne paraisse plus. Par exemple, la race adamique ayant échoué dans le jardin d'Eden, les humains ne peuvent plus paraitre devant Dieu dans leur nature originelle. En exigeant que seuls ceux qui naissent d'eau et d'Esprit puissent entrer dans le royaume des cieux, Jésus-Christ entérine ce principe de sainteté.

> En cas de désobéissance directe à Son commandement, Dieu ne permet pas de retour arrière possible. La réversibilité est du monde et non de Dieu, même lorsqu'Il a pardonné au fautif, tels que les Israélites. Moïse fut pardonné par Dieu, mais n'entra pas dans la terre promise comme

initialement prévu. Moïse n'y entra qu'à la transfiguration de Jésus-Christ sur une haute montagne, en présence des disciples Pierre, Jean et Jacques. C'est à cette occasion que réapparurent Moïse et Elie (**Matthieu 17:2-3**).

Le fait que Dieu pardonne la faute, le péché et le crime, sans que le coupable soit tenu pour innocent, signifie qu'en cas de repentance de ce dernier, Dieu ne le ramènera jamais à la situation antérieure à la faute.

Comme indiqué plus haut, les descendants d'Adam ne reparaitront plus dans le jardin d'Eden selon la procédure ancienne. Ils n'y paraitront que via la première résurrection des morts, l'enlèvement, ou grâce au livre de vie de l'Agneau – pour ceux qui auront raté la première résurrection. Par ailleurs, les chrétiens enlevés revêtiront un corps céleste, incorruptible et immortel, le même que celui du Christ assis à la droite du Père, contrairement au corps terrestre d'Adam et Eve (**1 Corinthiens 15:51-53**).

L'homme naturel n'a pas été rejeté uniquement dans son corps terrestre. Sa nature humaine a aussi été rejetée, c'est-à-dire toutes ses tendances charnelles. Dieu ne veut plus rien d'Adam et de sa nature originelle. Seule une nouvelle création peut entrer dans Son royaume. Cela, beaucoup ne saisissent pas. Mais telle est la sainteté de Dieu. L'erreur et la procédure qui l'a précédée sont assimilées à de *vieilles outres dans lesquelles Dieu ne peut mettre du vin nouveau*. Telle est la manifestation de Sa sainteté. Il ne met du vin nouveau que dans des outres neuves. Il rejette donc aussi bien le fautif que les ingrédients ayant participé à la désobéissance. Dieu a rejeté la vieille outre – corps terrestre – et son contenu, c'est-à-dire toutes ses tendances charnelles – nature humaine.

Les chrétiens sont de nouvelles créatures en Christ. Qui dit nouvelle créature, dit nouvelle nature. La nouvelle nature des chrétiens est appelée nature divine.

Les exigences de la nature divine

> *«Par elles les promesses les plus précieuses et les plus grandes nous ont été données, afin que par elles vous deveniez **participants de la nature divine**, en fuyant la corruption qui existe dans le monde par la convoitise.»* **2 Pierre 1:4**.

> *«Mais vous, ce n'est pas ainsi que vous avez appris à connaître le Christ, si du moins vous avez entendu parler de Lui, et si vous avez été instruits en Lui, conformément à la vérité qui est en Jésus : c'est-à-dire **vous***

> *dépouiller, à cause de votre conduite passée, de la vieille nature qui se corrompt par les convoitises trompeuses, **être renouvelés par l'Esprit dans votre intelligence**, et **revêtir la nature nouvelle, créée selon Dieu dans une justice et une sainteté** que produit la vérité.»* **Ephésiens 4:20-24.**

> *«Faites donc **mourir votre nature terrestre :** l'inconduite, l'impureté, les passions, les mauvais désirs et la cupidité qui est une idolâtrie [...] Ne mentez pas les uns aux autres, vous qui avez **dépouillé la vieille nature** avec ses pratiques et **revêtu la nature nouvelle** qui se renouvelle en vue d'une pleine connaissance selon l'image de Celui qui l'a créée.»* **Colossiens 3:5,9-10.**

En remontant ces versets de bas en haut, nous apprenons que le chrétien s'est *dépouillé* de sa nature terrestre – une vieille nature héritée à la maternité, une nature humaine corrompue par les passions et convoitises qui s'y guerroient – en vue de revêtir la nature nouvelle dont la caractéristique est qu'elle se renouvelle selon l'image de Celui qui l'a créée. Le **verset 24 d'Ephésiens** précise que c'est Dieu qui a créé la nouvelle nature dans la *justice et la sainteté*. Le **verset 23** indique que la nouvelle nature est revêtue grâce à *l'Esprit qui renouvelle l'intelligence* du chrétien. Ainsi, nous voyons que la présence de l'Esprit-Saint dans le chrétien vise, entre autres, à asseoir la *sainteté de Dieu dans son intelligence* afin de modifier ses tendances, de le faire passer des tendances humaines aux tendances divines qui le pousseront à connaître Dieu dans la vérité – via Ses actes de justice.

Le chrétien ne doit donc pas empêcher le renouvellement du Saint-Esprit dans son intelligence en vue de modifier entièrement sa nature. En fait il ne s'agit pas de bonifier l'ancienne nature humaine car elle est incapable de correction. Il s'agit de s'en débarrasser au profit d'une nature nouvelle divine inoculée par le Saint-Esprit. Car, avant que le Saint-Esprit n'établisse Sa demeure dans l'esprit du chrétien, ce dernier était uniquement mû par son esprit humain réputé mort car non régénéré. La régénération a lieu lorsque le Saint-Esprit établit Sa demeure dans l'esprit du chrétien – *Votre corps est le temple du Saint–Esprit qui est en vous et que vous avez reçu de Dieu* (**1 Corinthiens 6:19**).

Le chrétien ne doit pas avoir honte de cette nature renouvelée – divine – même si une telle affirmation peut paraitre excessive dans ce monde. Le chrétien étant né d'eau et d'Esprit, il est évident qu'il sera animé d'une nature autre que terrestre. Il s'agit d'une nature vivifiante selon qu'il est écrit :

> *«Or si l'Esprit de Celui qui a ressuscité Jésus des morts habite en vous, Celui qui a ressuscité Christ des morts, **vivifiera aussi vos corps mortels à cause de Son Esprit qui habite en vous**»* (**Romains 8:11/Bible Martin**).

C'est cette vie inoculée dans le chrétien qui est de nature divine. Nos corps sont mortels mais la vie qui y est inoculée par le Saint-

Esprit est divine, immortelle. C'est cette nature qui se renouvelle de jour en jour en vue de la stature parfaite de Christ (**Ephésiens 4:13**).

Passer de la nature humaine à la nature divine

Il ressort d'**Ephésiens 4:21-23**, que passer de la vieille nature à la nature nouvelle comprend un **dépouillement** et un **renouvellement**. Ces deux actions sont rendues possibles par la présence du Saint-Esprit dans le chrétien. Sans l'Esprit du Seigneur, il est inutile d'essayer car cela est impossible à l'homme naturel.

Si le chrétien ne met pas le cœur à l'ouvrage dans ce processus de dépouillement et de renouvellement, il se rendra vite compte que sa vie n'est pas différente de celle qui était la sienne dans sa vie païenne d'avant. La présence du Saint-Esprit régénère le chrétien qui passe de la mort – esprit naturel – à la vie – esprit régénéré.

Le Seigneur invite le chrétien au dépouillement de la vieille nature – humaine – et au renouvellement dans une nature divine, incorruptible, parce que Son Esprit est présent dans le chrétien. Quelles que soient les difficultés rencontrées, le chrétien doit Lui faire confiance et ce qu'il désire apparaîtra devant lui. Tel est le principe de la foi en Christ : *L'assurance des choses qu'on espère et la démonstration de celles qu'on ne voit pas* (**Hébreux 11:1**). Il faut d'abord espérer ce qu'on ne voit pas, tout en ayant le cœur –

les yeux intérieurs – fixé sur le Christ. C'est alors que Dieu fera émerger ce qu'on a demandé, du monde invisible vers le monde visible. Fin de la *démonstration.*

Une fois conscient de la nécessité de se dépouiller de l'ancienne nature au profit de la nouvelle, le chrétien doit accepter les choix de Dieu dans toutes les circonstances de sa vie. Parmi les tendances dont il doit se dépouiller, **Colossiens 3:5** mentionne en particulier *l'inconduite, l'impureté, les passions, les mauvais désirs et la cupidité.* Il existe une pléthore d'autres tendances dont il doit se dépouiller et qui ont un lien étroit ou lointain avec celles-là.

Nous devons préciser que le dépouillement de l'ancienne nature n'est pas toujours aisé. C'est même une perte sèche car, au chapitre des anciennes tendances à abandonner, il y a des choses ayant une apparence de vertu telles que : *ne goûte pas, ne mange pas, attendre tel jour, pas dans tel lieu* etc. Certaines tendances sont même protégées par les lois citoyennes.

Aussi le chrétien évitera de juger la parole de Dieu sur la base de l'opinion publique et des tendances de ce monde. Seule la parole de Dieu devra lui servir de boussole. Ce qui est interdit par la parole de Dieu, il devra s'en passer telle que, de nos jours, l'homosexualité qui fait l'objet d'une dépénalisation galopante dans le monde (**1 Corinthiens 6:10, 1 Timothée 1:10, Jude 1:7**). Ce que la parole de Dieu autorise, il devra l'accepter quelles que soient l'hostilité et l'adversité du monde. Car *le ciel et la terre passeront mais la parole de Dieu ne passera pas.* En fait tout ce qui est visible passera. Et l'observateur avisé peut déjà se rendre compte que les saintes Ecritures sont restées intactes alors que les pays et les traditions ont connu de nombreuses évolutions. Les grands pays d'aujourd'hui – Etats-Unis, France, Angleterre, Suisse, Brésil, Inde, Chine, Japon – n'étaient pas populaires dans l'Antiquité où l'Egypte, la Grèce, Rome (Italie), la Perse (Iran) jouaient les premiers rôles. Il en sera de même dans le futur car il n'est pas certain que les pays développés d'aujourd'hui soient toujours aux avant-postes demain. Il peut paraître fou de dire cela aujourd'hui comme il était fou d'imaginer la disparition des pharaons d'Egypte et des empereurs romains dont la domination dura des siècles. Mais ce qui n'a pas changé et ne changera jamais reste et demeure la parole de Dieu, l'épée de l'Esprit.

Le regard de Dieu n'est pas et ne sera jamais celui du monde. Le Seigneur Dieu attend que les chrétiens observent Sa parole et modifient leur vécu. La meilleure façon d'inoculer la nouvelle nature dans un corps, habitué aux tendances naturelles pendant des générations, c'est de ne pas se fier aux pratiques de ce monde comme on se fierait à Dieu, quoiqu'il arrive. La vigilance est recommandée.

Il existe une forte tendance des chrétiens à imiter ce qui est bien dans le monde. Nous ne pensons pas que les actes posés par ce monde soient tous mauvais, autrement, il faudrait sortir du monde, ce que le Seigneur a refusé. Toutefois, bien que vivant dans le monde, les chrétiens doivent s'assurer que leurs actes sont conformes à la parole du Seigneur avant de les poser. Ce que Sa parole accepte, ils doivent l'accepter. Ce que Sa parole rejette, ils doivent le rejeter. C'est alors qu'ils seront Ses disciples.

Par exemple, le Seigneur demande de ne pas se venger et de Lui laisser l'exclusivité de la rétribution. Il demande aux chrétiens d'être heureux lorsqu'on répand des mauvaises nouvelles sur eux à cause de Lui. Ceci met en garde les chrétiens contre toute recherche du suffrage populaire. Ceux qui cherchent à être bien vus du monde, ou ceux qui ont peur d'être mal vus, ne pourront pas être les disciples que Jésus-Christ cherche. Le Seigneur demande aux chrétiens de tendre la seconde joue après avoir été giflés, de faire deux kilomètres quand on les a forcés à en faire un ou de donner une seconde tunique après avoir été privés de la première. Cela n'est possible que lorsqu'on a l'Esprit Saint en soi. Et les chrétiens ne doivent pas trouver excuses et prétextes pour s'y soustraire. De même, le Seigneur leur demandera d'aimer leurs ennemis et de les saluer. Ils doivent obéir pour être Ses disciples. C'est ainsi qu'ils se dépouilleront de l'ancienne nature humaine au profit de la nouvelle, incorruptible, divine.

La nature humaine ne capitulera pas devant la nature divine sans résister

Il faut des précisions sur ce que l'Ecriture entend par nature. Il s'agit d'un ensemble d'habitudes, de tendances et de principes que l'on observe chez le sujet examiné. Ainsi la nature humaine n'est pas le corps humain proprement dit – lequel n'est qu'un vase – mais un ensemble de tendances et de principes décelés dans ce corps, et destinés à la satisfaction de l'homme. De même, la nature divine n'est pas l'Esprit de Dieu, mais un ensemble de tendances et de principes destinés à la satisfaction de Dieu. Il n'y a donc pas lieu de confondre le corps humain avec la nature humaine, ni l'esprit – vivifié par l'Esprit saint – avec la nature divine. Bien que corps et nature soient familiers, il ne faut pas les confondre parce que la nature change mais pas le corps – vase. Ainsi dans le corps et l'esprit humains, on aura soit des tendances charnelles sous l'influence du monde, soit des tendances divines sous l'influence de Dieu.

Le corps et l'esprit humains étant la cible des batailles de positionnement et de contrôle, les vieilles tendances charnelles, héritées à la naissance et au gré des aléas de la vie terrestre, ne lâcheront pas prise facilement devant la nature divine. C'est ici la persévérance des chrétiens. Le seigneur dit que les tendances de la chair sont contraires à celles de l'Esprit et que s'ils font de la chair leur fonds de commerce, ils mourront selon qu'il est écrit :

> *«Si vous vivez selon la chair, **vous allez mourir** ; mais si par l'Esprit vous faites mourir les actions du corps, **vous vivrez»*** (**Romains 8:13**).

Le piège dans lequel tombent beaucoup de chrétiens, c'est de croire que tout ce qui est vertueux dans le monde est accepté par Dieu. Ou encore que pour être aimé de Dieu, il faut faire ce qui est bien vu des hommes. Dieu est-Il contre la vertu ? Assurément pas. Dieu est en revanche contre les pratiques qui vont à l'encontre des tendances de l'Esprit. Parmi ces pratiques, il existe de nombreux actes de vertu. Pour mieux expliquer ce dilemme, il faut se souvenir que la tragédie humaine débuta dans le jardin d'Eden, après que l'homme et la femme eurent transgressé l'interdit en consommant de l'arbre de la connaissance du bien et du mal. En conséquence, l'homme et la femme devinrent connaisseurs du bien et du mal en dehors du plan initial de Dieu (**Genèse 3:22**). En clair, l'homme sait ce qui est mal et ce qui est bien. Il peut faire l'un comme l'autre. **Qu'il s'agisse du bien ou du mal, c'est la même racine qui est à l'œuvre.** Depuis lors, le bien et le mal émanent tous de la même racine : la désobéissance. C'est pourquoi l'homme naturel est spirituellement mort dès la naissance car son esprit est coupé de Dieu. Tout ce qu'il fait émane d'un esprit sans Dieu, un esprit mort dont le propre est qu'il tire sa vie de la tragédie du jardin d'Eden. C'est pourquoi, Dieu rejette tout ce qu'il fait ou qui se rapporte à lui. Toutes les vertus de ce monde sont donc problématiques devant Dieu car effectuées par des morts, des êtres charnels aux tendances naturelles et terrestres. Le prophète le reconnaît en disant :

> *«Nous sommes tous devenus comme un objet impur, et **tous nos actes de justice sont comme un vêtement pollué** ; nous sommes tous flétris comme une feuille, et nos fautes nous emportent comme le vent.»* (**Esaïe 64:6 / 64-5**).

L'apôtre Paul reconnaît également l'impossibilité de l'homme à plaire à Dieu dans sa nature humaine en affirmant :

> *«Il n'y a pas de juste, pas même un seul ; nul n'est intelligent, nul ne cherche Dieu. Tous se sont égarés, ensemble ils sont pervertis, **il n'en est aucun qui fasse le bien, pas même un seul.**»* (**Romains 8:10-12**).

Pourquoi Paul est-il si catégorique ? C'est pour éviter que l'homme naturel ne se serve de sa vertu comme instrument de sa sainteté, ou pense que son salut dépend de la surabondance des actes de vertu sur les fautes. *Tous ont péché et nul n'est juste*, sans exception.

En clair, c'est le penchant du chrétien à croire que ses actes de vertu lui garantissent l'agrément de Dieu qui l'aveugle. Non, de nombreux actes de vertu ne sont pas agréés par Dieu. De nombreux actes de vertus contribuent à la satisfaction de la chair comme vu plus haut dans **Galates** et **Colossiens**.

Ainsi lorsque la nature humaine se sent agressée ou ne veut pas faire la volonté de Dieu, elle se réfugie derrière les actes de vertu pour faire diversion. Jésus a dit :

> *«Si donc tu présentes ton offrande à l'autel, et que là tu te souviennes que ton frère a quelque chose contre toi, **laisse là ton offrande devant l'autel, et va d'abord te réconcilier avec ton frère**, puis viens présenter ton offrande»* (**Matthieu 5:23-24**).

Ce verset relate un cas typique du fautif qui vient adorer Dieu avec une offrande. Mais au lieu de l'accepter, Dieu fait comprendre à cet adorateur qu'il doit d'abord se réconcilier avec son frère. Dieu ne veut pas que cet adorateur se réfugie derrière l'offrande pour se soustraire à l'obligation de se réconcilier avec son frère. Dieu est saint. Il ne peut être acheté.

Cet exemple, comme bien d'autres des Ecritures, justifie le fait que Dieu n'est pas charnel comme l'homme naturel. Combien de fois les hommes dissimulent-ils les actes compromettants derrière des apparences louables ! C'est un moyen de camouflage très efficace utilisé par les hommes, en général, et les manipulateurs en particulier. L'abandon de la nature humaine ne se fera donc pas sans douleur car on imagine bien la douche froide reçue par l'adorateur fautif de **Matthieu 5:23-24**, quand le Seigneur lui recommande un détour par la case réconciliation.

Se dépouiller de la vieille nature humaine pour revêtir celle divine qui se renouvelle en Christ

Se dépouiller de la vielle nature ne consiste pas à la contrer de temps à autre. Ce serait lourd pour les nerfs et on finirait par craquer. Dépouiller c'est rejeter définitivement. Ce qu'on a abandonné ne doit pas être récupéré ; autrement, il ne s'agirait plus d'abandon mais de trêve. Le Seigneur veut que ce qu'on a abandonné ne revienne plus. Il ne s'agit pas de faire un tour dans la nouvelle nature, de goûter la grâce de Dieu, puis de revenir aux vieilles habitudes, cette nature qui se corrompt facilement. Le chrétien doit s'armer de la pensée que Dieu le débarrassera définitivement de cette vieille nature car celle-ci n'a de cesse de pécher et d'inciter les chrétiens à pécher. Et comme le Seigneur déteste le péché et la vie de péché, Il S'est arrangé à libérer le chrétien de la nature ancienne. Non pas en l'encourageant à exercer une résistance récurrente aux mauvais penchants de cette nature, mais en le dépouillant tout simplement de ladite nature. Dépouiller et non juste résister. C'est ainsi qu'à force de foi et d'attachement au Seigneur, le chrétien découvrira qu'il triomphe facilement de ses mauvais penchants.

Certains objecteront que dans la pratique, cela est impossible. A ceux-là, on répondra que «*Ce qui est impossible aux hommes est possible à Dieu*». Comme il ressort de l'intelligence renouvelée par l'Esprit, le Seigneur n'appelle pas le chrétien à faire, mais **Primo, à avouer son incapacité à honorer la volonté de Dieu sur la base de ses forces, même en insistant, puis Secundo, à croire que sa délivrance appartient au Seigneur en toute exclusivité.** C'est en rendant ainsi les armes qu'il verra s'accomplir le miracle de Dieu. C'est une erreur de penser que la vie nouvelle en Christ a quelque chose à voir avec les œuvres. La chair ne sert de rien car ses tendances sont contraires à celles de l'Esprit. L'obéissance à Jésus-Christ n'est pas, à première vue, une affaire de réalisation ou d'accomplissement. Autrement, seuls les chrétiens ayant des capacités matérielles seraient sauvés. Tandis que les handicapés de tout genre – le pauvre pouvant être considéré comme un handicapé à cause du manque d'argent et de moyens – seraient perdus. Si Dieu réservait le salut à ceux-là seuls qui ont les moyens matériels, alors la nouvelle naissance en Christ ne serait qu'une affaire de muscles et de riches. C'est tout le contraire. L'évangile du salut n'est ni affaire de muscles, ni affaire de riches. De nombreux passages de l'Ecriture corroborent cette vérité.

Interrogeant Jésus sur l'œuvre qu'ils devaient accomplir pour être sauvés, les Juifs se virent répondre comme suit : «*Ce qui est l'œuvre de Dieu, c'est que vous **croyiez en Celui qu'il a envoyé.***» (**Jean 6:29**). Cette réponse donne un aperçu du fait que le salut n'est pas fondé sur les œuvres que l'on accomplit pour Dieu, mais sur la foi en Christ, sur le fait de fixer le regard sur Christ. Souvenons-nous que les israélites, mordus au désert par les serpents, durent leur salut en fixant le serpent de bronze sculpté par Aaron (**Nombres 21:9**). Il apparaît de plus en plus, aux yeux des églises d'aujourd'hui, que la vie chrétienne se résume à ce qu'on accomplit pour le Seigneur, notamment les œuvres de charité en faveur des nécessiteux. En donnant aux nécessiteux, elles pensent servir le Seigneur, ce qui est apparemment louable. Si le Seigneur, durant Son passage terrestre, a volé au secours des nécessiteux, résumer la vie chrétienne à une affaire de charité et d'aide aux pauvres, c'est se méprendre sur la mission salvatrice du Seigneur. Si la vie chrétienne se résumait à cela, il suffirait de sortir une calculatrice et la sainteté des hommes se mesurerait à la grosseur de leur porte-monnaie. Sous ce rapport, les riches, les commerçants et trafiquants de tous genres devanceraient les chrétiens dans le royaume des cieux. Le Seigneur a logé tous les hommes à la même enseigne afin que le salut ne repose pas sur les œuvres, mais *sur la grâce, par le moyen de la foi*. Dans l'histoire du serpent de bronze ci-dessus, quel rapport y avait-t-il entre la morsure du serpent venimeux et le regard fixé sur le serpent de bronze ? Aucun car nous savons que seul un sérum antivenimeux peut arrêter la propagation du venin, et non le fait de fixer l'image d'un serpent sculpté. Néanmoins, il fallait obéir. Ceux qui obéirent furent guéris et ceux qui regardèrent ailleurs périrent. Quel rapport y avait-il entre les cinq pains plus deux poissons et les cinq mille hommes qui furent nourris lors de la multiplication des pains (**Matthieu 14:16-20**) ? Aucun sauf qu'il fallait croire et obéir. Quel rapport y avait-il entre la guérison de la lèpre du général d'armée syrien Naaman et ses sept baignades dans le Jourdain (**2 Rois 5:9-14**) ? Aucun sinon qu'il fallait obéir malgré l'humiliation, pour un haut dignitaire syrien de l'époque, d'avoir à se laver sept fois dans les eaux du Jourdain, dans un Israël – Samarie – affaibli. Quel rapport y a-t-il entre le fait de se dépouiller de l'ancienne nature et l'avènement d'une nouvelle nature divine ? Aucun sinon qu'il faut croire et obéir à l'action mystérieuse mais réelle du Saint-Esprit dans le chrétien.

On se débarrasse de la vieille nature en marchant par l'Esprit et non par la chair.

Changement d'attitude du chrétien :
Marcher par l'Esprit

(N.B. Marcher par l'Esprit = marcher par la foi)

L'expression «*marcher par l'Esprit*» est très utilisée dans les épîtres de Paul et par ricochet, chez les chrétiens. Et nous devons reconnaître avec l'expérience qu'une énorme confusion entoure cette expression. D'abord parce qu'on ne voit pas l'Esprit comme on verrait un objet matériel. Comment donc marcher selon ce que nul ne peut voir ? On est habitué à marcher par la chair parce que l'homme est fait de chair et d'os. Très honnêtement, dès le début de la foi, cette expression semble floue dans la tête du jeune converti. Même s'il paraphrase cette expression, la réalité est bien souvent trop confuse dans la mesure où peu de gens ont une vie de sanctification irréprochable pour lui servir de modèle. Il faut en plus reconnaître que de tous les auteurs des Ecritures, l'apôtre Paul est le seul à avoir parlé du *marcher par l'Esprit*. On peut le comprendre en raison de la riche carrière intellectuelle qu'il traînait derrière lui comme docteur de la loi en Israël. Il avait donc un côté intellectuel très poussé, ce qui explique, en partie, qu'il ait signé et cosigné plus de la moitié du Nouveau Testament.

Par *marcher par l'Esprit*, beaucoup font souvent allusion au fait d'entendre la voix du Seigneur, ce qui n'est ni faux, ni exagéré. Toutefois, là également, une énorme confusion règne parmi les chrétiens au point que cette question est rarement évoquée dans les prédications.

C'est Dieu qui fait entendre Sa voix et non l'homme

La voix de Dieu n'est pas un disque enregistré qui résonne dès qu'on actionne un bouton poussoir. Dieu est un être vivant, sentimental, intelligent et actif comme tout humain lambda, la matérialité en moins car les humains sont des corps visibles tandis que Dieu n'est ni visible, ni façonnable. Selon le premier commandement transmis à Moise, Dieu interdit toute représentation quelconque de Sa personne.

Beaucoup se demandent comment ils pourraient entendre la voix du Seigneur. C'est une saine préoccupation qui ne doit pas inquiéter le chrétien outre mesure car c'est le Seigneur qui, avant tout, désire que Ses disciples entendent Sa voix. Il dit d'ailleurs :

> *«Je connais Mes brebis, et Mes brebis Me connaissent [...] Mes brebis **entendent Ma voix**. Moi, Je les connais, et **elles Me suivent**. Je leur donne la vie éternelle ; elles ne périront jamais, et **personne ne les arrachera de Ma main**.»* **(Jean 10:14, 27-28)**.

Ces paroles du Seigneur devraient rassurer le chrétien sur le fait que le Seigneur s'arrangera pour que lui, le chrétien, puisse entendre Sa voix et non celle de l'étranger. Le Seigneur n'a pas précisé comment Il procèderait. Et même dans les Ecritures, personne n'a décrit ni démontré le processus par lequel le Seigneur fait entendre Sa voix. Ce qu'il faut retenir, c'est que Dieu parle à Ses enfants et que Ses enfants L'entendent sans difficulté.

L'Ecriture et de nombreuses expériences indiquent que le Seigneur parle de plusieurs manières. Nous citerons de manière non exhaustive : l'Ecriture, les prophètes, les chrétiens, les messagers divers, les songes, les révélations, les observations et bruits, les déductions. La liste n'est pas exhaustive. On sait encore que le Seigneur entretiendra avec chacun de Ses chrétiens une interface spécifique, selon l'appel de chacun. Ainsi le Seigneur parlera de telle ou telle manière à un prophète, un apôtre, un évangéliste, un enseignant, un guérisseur, une sentinelle, un chef de peuple, un chef d'entreprise, etc. Ceci afin que le chrétien puisse reconnaître la voix du Seigneur au milieu d'une multitude de voix. Un enfant ne peut ignorer la voix de sa mère. Il saura la reconnaître entre mille. De même une mère ne peut ignorer le cri de son enfant. Pourtant les rapports entre le Seigneur et Ses chrétiens sont plus profonds qu'entre une mère et son enfant. Car bien que mère et enfant soient proches, ils ne peuvent vivre l'un dans l'autre comme le Seigneur vit dans le chrétien par le Saint-Esprit.

En matière d'écoute de Dieu, c'est Dieu qui prend l'initiative et décide de faire entendre Sa voix par l'homme, et non le contraire, car la voix de Dieu n'est pas un disque enregistré. De même que personne ne peut faire parler un tiers sans l'aval de ce dernier, de même, on ne saurait faire parler Dieu sans Son aval. Pour entendre Dieu, il faut déjà que Dieu accepte de coopérer et que le disciple soit dans de bonnes dispositions d'esprit et de sanctification. La seule parole qu'un chrétien, marchant de travers, peut entendre de Dieu, c'est le silence réprobateur suivi, parfois, d'une mesure disciplinaire lorsque le chrétien persiste dans l'égarement. Par exemple, l'Ecriture atteste que le Seigneur n'apparaissait plus au roi Saül après que ce dernier offrit des sacrifices contre la volonté du prophète Samuel (**1 Samuel 13:13-14**).

La voix de Dieu n'a jamais contredit l'Ecriture et ne saurait la confondre. La lecture fréquente des Ecritures et l'obéissance dans la pratique, sont des références solides pour évaluer toute parole venant de Dieu. En effet, plusieurs propos ont été attribués à Dieu alors qu'ils provenaient des traditions humaines. Jésus, au premier siècle, avait déjà dénoncé cette tendance chez les scribes et les pharisiens hypocrites (**Matthieu 15:6**). De même, de nombreuses traditions, aux apparences de vertu, ont été introduites dans les assemblées chrétiennes. Le drame est qu'on semble attacher plus d'importance à ces traditions qu'à la parole de Dieu. Or la focalisation du chrétien sur les traditions humaines le conduira vers la confusion, car il prendra ce qui vient des hommes comme venant de Dieu. Outre l'exemple cité par Jésus dans **Matthieu 15:6**, au sujet des traditions humaines introduites par les pharisiens, on peut citer «*Aides-toi et le ciel t'aidera*» comme une des traditions païennes tolérées dans l'église. Cette pensée est positive, avec une grande apparence de vertu, mais elle ne vient pas de Dieu et ne se trouve nulle part rapportée dans l'Ecriture, même de manière implicite. Du temps de l'apôtre Paul, les chrétiens juifs d'Asie tentaient d'imposer la circoncision aux païens convertis, ce à quoi Paul s'opposait énergiquement, soutenant qu'on ne pouvait pas imposer le judaïsme aux non-Juifs. Cela fait partie des griefs pour lesquels il fut persécuté jusqu'à se retrouver dans les chaînes. Pourtant il n'y a rien de mal à la circoncision. Mais quoique sans danger, son introduction relevait des traditions humaines et non de la volonté de Dieu. Il s'agissait d'un moyen astucieux d'asservir les chrétiens (**Galates 2:4**). Car une fois cette circoncision acceptée, un autre élément allait arriver, puis un autre et ainsi de suite jusqu'à ce que l'assemblée toute entière soit sous la coupe d'individus aux desseins inavoués.

Dieu connaît, en particulier, la partie de Sa parole que le chrétien maîtrise et celle qui lui échappe. Il Se servira de la partie maîtrisée pour S'assurer de son obéissance. Il ne manquera pas de compassion lorsque le chrétien flanchera sur la part incomprise de Sa parole. Devant la tentation ou un appel ne venant pas de Lui, Dieu S'attend à ce que le chrétien se serve de Sa parole maîtrisée pour se défendre. Si un appel l'invite au vol, à la trahison, au faux témoignage ou à d'autres perversions telles que l'adultère ou le meurtre, toutes choses condamnées par Sa parole, alors il doit rejeter cet appel quelles que soient les conséquences. Dieu lui en saura gré d'avoir subi des pertes en Son nom. En dehors de la parole de Dieu, deux autres moyens peuvent permettre au chrétien de cerner la volonté de Dieu. Il s'agit des circonstances et du sentiment intérieur – paix ou trouble de conscience. Mais aucun de ces deux moyens ne peut supplanter l'Ecriture. Quand l'Ecriture a déjà parlé de manière claire, il vaut mieux toujours la suivre. S'agissant des circonstances, il est clair qu'on ne peut pas intervenir sur une situation qui se déroule à des centaines de kilomètres de l'endroit où l'on se trouve, telle qu'éteindre un incendie ou venir en aide à un nécessiteux. Dans de tels cas, une prière à Dieu suffira afin que les circonstances du lieu de l'action agissent en faveur du nécessiteux. Personne ne peut demander cent deniers au nom de Dieu lorsque la personne sollicitée ne dispose pas de cette somme. Ce sont des circonstances qui ne confirment pas la volonté de Dieu. De même, des besoins urgents et pressants ne peuvent pousser à voler ou abuser de la confiance de son prochain, sous prétexte d'une cause légitime. Dieu est puissant pour arranger les circonstances en faveur du chrétien quelles que soient les situations. Pour ce qui est du sentiment intérieur favorable ou non à une action inspirée de Dieu, nous devons nous assurer que notre conscience ne se trouble pas. D'abord parce que la conscience se façonne au gré de la lecture de la parole de Dieu et de l'expérience chrétienne. D'autre part, selon une analyse approfondie des Ecritures par un serviteur de Dieu nommé

Watchman Nee, de très grande renommée, la conscience est une faculté de l'esprit. Comme le Saint-Esprit est logé dans l'esprit, on comprend que le Saint-Esprit enclenchera un signal d'alerte face à une méprise sur la volonté de Dieu. Souvenons-nous de la stupéfaction de Daniel après que le roi de Babylone eut décrit un songe qui le tourmentait (**Daniel 4:16**). C'était sa conscience qui s'éveillait. Ou de la stupéfaction de David lorsqu'un émissaire vint lui raconter comment il avait mis fin, volontairement, à la vie du messie-roi d'Israël Saül (**2 Samuel 1:10-11**). C'était encore une réaction de la conscience. Lorsque la conscience n'éveille aucun signe négatif en soi, c'est qu'il n'y a pas de danger dans ce qu'on nous présente. Mais lorsque la conscience trahit un signal négatif, alors la prudence est de mise. Très souvent, en pareil cas, le Seigneur met dans l'intelligence du chrétien un verset de l'Ecriture qui le met en garde. Dans le cas où aucun verset ne vient instamment à la rescousse, et que le sentiment intérieur négatif persiste, alors il faut marcher à pas feutrés. C'est-à-dire resserrer les boulons autant que possible afin, qu'en cas d'erreur de jugement, les pertes soient minimes. Car chaque fois qu'on marche en dehors de la volonté de Dieu, on subit toujours une perte. Cependant, il ne faut pas croire qu'un échec est définitivement un échec car, par ces échecs, Dieu instruit toujours Ses enfants. Attention, le sentiment intérieur n'a rien à voir avec les sensations, les pulsions et excitations du corps humain, comme on le verra ci-après.

Marcher par l'Esprit n'a rien à voir avec les pulsions, excitations et autres sensations du corps humain

Il faut le redire très haut. De nombreux chrétiens ont été égarés par une histoire de sensations, d'excitations et de pulsions ressenties dans le corps humain, présumés provenir du Seigneur. Attribuer ces sensations à une réponse du Seigneur est une erreur. L'Esprit du Seigneur ne se trouve pas dans les sens et organes de l'homme. L'Esprit du Seigneur ne se trouve que dans l'esprit de l'homme. Nous savons que le lien entre l'esprit de l'homme et les organes du corps humain n'est pas connu. Le Seigneur nous commande même de ne pas creuser ce mystère, car c'est faire le lit de la divination, une pratique abominable condamnée par les Ecritures (**Deutéronome 18:10-12**).

Le diable est capable de simuler de telles sensations pour égarer le chrétien. Le corps humain ne lui est pas inaccessible. Satan est coutumier d'attaques qui provoquent des maladies. Le Seigneur Jésus Se contentait souvent de chasser un démon et la maladie disparaissait instantanément.

L'apôtre Paul indique une écharde dans sa chair causée par un démon. Nous nous souvenons comment le diable frappa Job de lèpre. Le corps physique de l'homme est un champ que le diable investit souvent. Imputer à Dieu une excitation physique du corps, c'est ouvrir le champ aux nombreuses dérives. Personnellement, j'ai rencontré des chrétiens qui fonctionnaient de cette manière. Le moins qu'on puisse dire est que certains se sont retrouvés dans la confusion et devant un psychiatre.

On marche par l'Esprit en utilisant principalement l'épée de l'Esprit qui est la Parole de Dieu. Lorsqu'un prétendu message est attribué au Seigneur, toute invitation à transgresser Sa Parole est une ruse du diable.

L'épée de l'Esprit ou la Parole de Dieu est l'arme principale du chrétien contre les ruses de l'ennemi. Certains diront peut-être : «*Pourquoi le Seigneur laisse-Il faire ?*». La réponse nous est fournie par les Ecritures :

> «*S'il se lève au milieu de toi un prophète ou un visionnaire qui t'annonce un signe ou un prodige, et qu'il y ait accomplissement du signe ou du prodige dont il t'a parlé en disant : Rallions-nous à d'autres dieux – des dieux que vous ne connaissez pas – et rendons-leur un culte ! Tu n'écouteras pas les paroles de ce prophète ou de ce visionnaire, car c'est l'Éternel, votre Dieu, qui vous met à l'épreuve pour savoir si vous aimez l'Éternel, votre Dieu, de tout votre cœur et de toute votre âme*» **(Deutéronome 13:1-3).**

Si un chrétien reçoit une sensation, une excitation ou une pulsion du corps au moment où il s'attend à Dieu, et qu'il constate que la parole de Dieu est transgressée, il n'écoutera pas. C'est très clair. Dieu le met à l'épreuve *pour savoir s'il L'aime, de tout son cœur et de toute son âme*. On verra donc si ce chrétien adore ses sensations plutôt que Dieu – la Parole de Dieu.

Mise au point : Les sensations, pulsions, battements de cœur et autres excitations du corps humain ont souvent accompagné les chrétiens dans leur vie. Mais il faut préciser que ces excitations n'ont jamais été le moteur incitant les chrétiens à agir, mais plutôt, la conséquence de quelque chose. Souvenons-nous du péché originel. C'est après avoir consommé de l'arbre de la connaissance du bien et du mal qu'Adam et Eve réalisèrent qu'ils étaient nus. La sensation de nudité fut la conséquence de la désobéissance, et non le moteur qui les poussa à désobéir à Dieu. Quand David fut à deux doigts d'ôter la vie au roi Saül qui le pourchassait, il eut un battement de cœur en réalisant qu'il était proche de mettre fin à la vie du messie-roi d'Israël. Ce n'est pas le battement de cœur qui le poussa à vouloir attenter à la vie du monarque. Mais le battement de cœur fut la conséquence d'une prise de conscience du fait que l'acte qu'il s'apprêtait à poser était d'une extrême gravité. C'est comme l'adrénaline qui découle d'une situation dramatique. L'adrénaline n'est pas la cause ni une invitation, mais la conséquence de quelque chose que la conscience détecte. C'est pourquoi, fonder la voix de Dieu sur une sensation du corps est une erreur que l'ennemi peut exploiter à son avantage. Nous devrions éviter de la lui fournir.

Marcher par l'Esprit, c'est marcher par l'épée de l'Esprit qui est la Parole du Seigneur

> *«Prenez aussi le casque du salut et **l'épée de l'Esprit, qui est la Parole de Dieu**»* **(Ephésiens 6:17)**.

Pour commencer, disons un mot sur ce que le Seigneur n'apprécie pas chez Ses chrétiens : Maintenir sans précaution ni considération, les traditions et processus humains supposés performants et vertueux. Il est vrai qu'en plusieurs millénaires de présence sur la terre, l'homme a développé des techniques, méthodes et processus pour rendre son séjour agréable. Mais plusieurs de ces traditions sont rejetées par Dieu. Ce que le Seigneur recommande à Ses chrétiens, c'est de ne pas s'appuyer sur des méthodes au seul motif que les hommes les ont toujours appliquées avec succès. Le Seigneur attend de Ses chrétiens, qu'ils appliquent Ses lois à Lui. Elles sont résumées dans les lois de Moïse et ses amendements. Jésus a apporté des amendements aux lois de Moïse concernant, entre autres, la loi du Talion, la répudiation de la femme et un nouveau commandement : *Aimez-vous les uns les autres*. En toute question touchant son vécu sur terre, le chrétien doit appliquer les lois de Dieu et seulement celles-là.

Marcher par l'Esprit c'est donc obéir aux commandements du Seigneur car la parole de Dieu est l'épée de l'Esprit, selon **Ephésiens 6:17** repris ci-dessus. Même si la société a développé des solutions sur une question quelconque, Dieu exige désormais que Ses enfants adoptent les Siennes, selon Ses saints commandements. C'est ainsi que le chrétien passera de la mort à la vie, de la nature charnelle à la nature divine.

Le passage plus global d'**Ephésiens 4:25 à 6:18** précise que marcher par l'Esprit, c'est :

- rejeter le mensonge et dire la vérité à son prochain (**V4:25**)
- éviter de pécher une fois en colère
- ne pas donner accès au diable
- ne pas dérober, mais travailler pour aider les autres
- éviter de prononcer des paroles malsaines
- ne pas attrister le Saint-Esprit
- éviter toute amertume, animosité, colère, clameur, calomnie, ainsi que toute méchanceté
- faire preuve de bonté et de compassion

- être des imitateurs de Dieu (**V5:1**)
- marcher dans l'amour
- aucune inconduite, aucune forme d'impureté ou de cupidité
- aucune grossièreté, ni propos insensés, ni bouffonnerie, mais plutôt des actions de grâces
- ne pas se laisser séduire par de vains discours
- ne pas avoir part avec les fils de la rébellion (débauchés, impurs, cupides, idolâtres)
- examiner ce qui est agréable au Seigneur
- n'avoir rien en commun avec les œuvres stériles des ténèbres, mais les dénoncer
- veiller sur sa conduite, non comme des fous, mais comme des sages
- racheter le temps car les jours sont mauvais
- ne pas être sans intelligence, mais comprendre quelle est la volonté du Seigneur
- ne pas s'enivrer de vin, mais être rempli de l'Esprit
- s'entretenir par des psaumes, des hymnes et des cantiques spirituels ; chanter et célébrez le Seigneur de tout son cœur
- rendre toujours grâces pour tout à Dieu le Père, au nom du Seigneur Jésus-Christ
- se soumettre les uns aux autres dans la crainte de Christ
- aux femmes : se soumettre à son mari, comme au Seigneur car le mari est le chef de la femme, comme Christ est le chef de l'Église, qui est son corps et dont il est le Sauveur
- aux maris : aimer sa femme, comme le Christ a aimé l'Église
- aux enfants : obéir à ses parents selon le Seigneur, car cela est juste. Honorer son père et sa mère afin d'être heureux et de vivre longtemps sur la terre. (**V6:1-3**)
- aux pères : ne pas irriter ses enfants, mais les élever en les corrigeant et en les avertissant selon le Seigneur
- aux serviteurs : obéir à son maître selon la chair avec crainte et tremblement, dans la simplicité de cœur, comme au Christ. Les servir de bon gré comme si on servait le Seigneur et non les hommes
- aux maîtres : agir de même à l'égard des serviteurs ; s'abstenir de menaces, sachant que leur Maître et le vôtre est dans les

cieux et que devant Lui il n'y a pas de considération de personnes

- avoir à ses reins la vérité pour ceinture ; revêtir la cuirasse de justice ; mettre pour chaussures à ses pieds les bonnes dispositions que donne l'Évangile de paix ; prendre, en toutes circonstances, le bouclier de la foi, avec lequel on pourra éteindre tous les traits enflammés du Malin ; prendre aussi le casque du salut et l'épée de l'Esprit qui est la Parole de Dieu
- Prier en tout temps par l'Esprit, avec toutes sortes de prières et de supplications.

Marcher par l'Esprit n'a rien à voir avec des théories sur quand, où, pourquoi et comment. Ce serait rentrer dans des doctrines indigestes pour l'homme simple. Dieu veut la simplicité et l'obéissance dans la pratique, car trop de doctrine déforme la réalité et produit des visionnaires du néant. Marcher par l'Esprit, c'est obéir simplement à Dieu comme tout fils désireux de plaire à son père sans l'attrister. Marcher par l'Esprit consiste donc à ne pas attrister le Saint-Esprit qui est en nous en violant les prescriptions et règles listées ci-dessus. En cas d'immixtion d'éléments extérieurs, le diable par exemple, le Seigneur donnera au chrétien le moyen d'en sortir, de distinguer le vrai du faux, ce qui est de Lui de ce qui n'est pas de Lui (**1 Corinthiens 10:13**). Si le chrétien ne sait pas distinguer entre ce qui est du Seigneur et ce qui est du diable, sa vision sera faussée, et l'on pourra avoir des doutes sur la présence ou non du Saint-Esprit en lui. Seule la lumière de Dieu, le Saint-Esprit, peut distinguer ce qui vient de Dieu de ce qui vient du diable. Les chrétiens ne devraient pas avoir honte de se poser la question de la présence réelle ou non du Saint-Esprit en eux, ni redouter la réponse de Dieu à cette question. Il vaut mieux partir du bon pied, quand le temps est favorable – avant sa propre mort ou avant le retour du Seigneur – plutôt que fuir en avant et découvrir, des années après, qu'on n'a jamais été avec le Seigneur.

L'apôtre Paul, ce grand exégète de la parole, avait organisé ses épîtres afin d'éviter toute équivoque dans l'interprétation de ses lettres car, reconnaissons-le, il fut la plupart du temps incompris de ses contemporains, au point que l'apôtre Pierre lui vint en aide dans une de ses épîtres (**2 Pierre 3:15**). L'apôtre Paul structurait ses lettres de la même façon : (i) salutation (ii) introduction (iii) développement (iv) conclusion et adieux.

Il est intéressant de noter que les conclusions de Paul débouchaient, tout le temps, sur des aspects pratiques afin que les saints ne se méprennent pas en s'abandonnant aux rêveries et aux chimères. Essayons d'examiner ces aspects pratiques de l'épître aux Corinthiens à celle aux Hébreux.

(N.B. Marcher par l'Esprit = marcher par la foi)

Marcher par l'Esprit selon 1 Corinthiens 16:13-14

- Veillez, demeurez fermes dans la foi, soyez des hommes, fortifiez-vous
- Que parmi vous, tout se fasse avec amour.

Marcher par l'Esprit selon 2 Corinthiens 13:11

- Soyez dans la joie, tendez à la perfection, consolez-vous, ayez une même pensée, vivez en paix.

Marcher par l'Esprit selon Galates 6:1-10

- Redressez le frère fautif avec douceur
- Portez les fardeaux les uns des autres

- Que celui à qui l'on enseigne la parole fasse participer à tous ses biens celui qui l'enseigne
- Ne pas se moquer de Dieu
- Ne pas se lasser de faire du bien
- Pratiquez le bien envers tous, surtout envers les frères en la foi.

Marcher par l'Esprit selon Ephésiens 6:1-18

Voir plus haut.

Marcher par l'Esprit selon Colossiens 4:1-6

- Maîtres, accordez à vos serviteurs ce qui est juste et équitable, sachant que, vous aussi, vous avez un Maître dans le ciel
- Persévérez dans la prière, veillez-y avec actions de grâces
- Priez également pour nous (ministres et collaborateurs)
- Conduisez-vous avec sagesse envers ceux du dehors. Rachetez le temps
- Que votre parole soit toujours accompagnée de grâce, assaisonnée de sel, afin que vous sachiez comment vous devez répondre à chacun.

Marcher par l'Esprit selon 1 Thessaloniciens 5:8-22

- Soyez sobres : revêtez la cuirasse de la foi et de l'amour, ainsi que le casque de l'espérance du salut
- Exhortez-vous mutuellement et édifiez-vous l'un l'autre
- Ayez de la considération pour ceux qui travaillent parmi vous, qui vous dirigent dans le Seigneur et qui vous avertissent. Ayez pour eux la plus haute estime avec amour, à cause de leur œuvre. Soyez en paix entre vous
- Avertissez ceux qui vivent dans le désordre, consolez ceux qui sont abattus, supportez les faibles, usez de patience envers tous

- Que personne ne rende le mal pour le mal ; mais recherchez toujours le bien, soit entre vous, soit envers tous
- Soyez toujours joyeux
- Priez sans cesse
- En toute circonstance, rendez grâces
- N'éteignez pas l'Esprit
- Ne méprisez pas les prophéties ; mais examinez toutes choses, retenez ce qui est bon
- Abstenez-vous du mal sous toutes ses formes.

Marcher par l'Esprit selon 2 Thessaloniciens 3:1-15

- Priez pour nous, afin que la parole du Seigneur se répande et soit glorifiée comme elle l'est chez vous, et afin que nous soyons délivrés des hommes insensés et méchants ; car tous n'ont pas la foi
- Eloigner-vous de tout frère qui vit dans le désordre et non selon la tradition que vous avez reçue de nous [...] car si quelqu'un ne veut pas travailler, qu'il ne mange pas non plus
- Ne vous lassez pas de faire le bien
- Si quelqu'un n'obéit pas à ce que nous disons dans cette lettre, prenez note de lui et n'ayez avec lui aucune relation, afin qu'il en ait honte
- Ne le considérez pas comme un ennemi, mais avertissez-le comme un frère.

Marcher par l'Esprit selon 1 Timothée 6:1-20

- Que les serviteurs estiment leurs propres maîtres dignes de tout honneur, afin que le nom de Dieu et la doctrine ne soient pas calomniés
- Que ceux qui ont des croyants pour maîtres ne les méprisent pas, sous prétexte qu'ils sont frères
- Si donc nous avons la nourriture et le vêtement, cela nous suffira

- Ceux qui veulent s'enrichir tombent dans la tentation, dans le piège et dans une foule de désirs insensés et pernicieux, qui plongent les hommes dans la ruine et la perdition
- Pour toi, homme de Dieu, fuis ces choses et recherche la justice, la piété, la foi, l'amour, la patience, la douceur
- Combats le bon combat de la foi, saisis la vie éternelle, à laquelle tu as été appelé
- Garde le commandement sans tache, sans reproche, jusqu'à l'apparition de notre Seigneur Jésus–Christ
- Recommande aux riches du présent siècle de ne pas être orgueilleux et de ne pas mettre leur espérance dans des richesses incertaines, mais de la mettre en Dieu qui nous donne tout avec abondance, pour que nous en jouissions
- Qu'ils fassent le bien, qu'ils soient riches en œuvres bonnes, qu'ils aient de la libéralité, de la générosité, et qu'ils s'amassent ainsi un beau et solide trésor pour l'avenir, afin de saisir la vraie vie
- Gardez le dépôt, en évitant les discours vains et profanes, et les disputes de la fausse science.

Marcher par l'Esprit selon 2 Timothée 4:2-5

- Prêchez la parole, insistez en toute occasion, favorable ou non, convainquez, reprenez, exhortez, avec toute patience et en instruisant
- Soyez sobre en tout, supportez les souffrances, faites l'œuvre d'un évangéliste, remplissez bien votre service.

Marcher par l'Esprit selon Tite 3:1-11

- Soyez soumis aux gouvernements et aux autorités, obéissez-leur, et soyez prêts à toute œuvre bonne
- Ne médisez de personne, soyez paisibles, conciliants, pleins de douceur envers tous les hommes
- Evitez les folles discussions, les généalogies, la discorde, les disputes relatives à la loi, car elles sont inutiles et vaines

- Eloignez-vous, après un premier et un second avertissement, de celui qui cause des divisions, car un tel homme est perverti, pèche et se condamne lui–même.

Marcher par l'Esprit selon Hébreux 13:1-18

- Persévérez dans l'amour fraternel
- N'oubliez pas l'hospitalité ; car en l'exerçant, quelques–uns, à leur insu, ont logé des anges
- Souvenez-vous des prisonniers, comme si vous étiez en prison avec eux, et de ceux qui sont maltraités comme étant, vous aussi, dans un corps
- Que le mariage soit honoré de tous, et le lit conjugal exempt de souillure. Car Dieu jugera les débauchés et les adultères
- Que votre conduite ne soit pas inspirée par l'amour de l'argent ; contentez-vous de vos biens actuels, car Dieu lui–même a dit : *Je ne te délaisserai pas ni ne t'abandonnerai*
- Souvenez-vous de vos conducteurs qui vous ont annoncé la parole de Dieu ; considérez l'issue de leur vie et imitez leur foi
- Ne vous laissez pas entraîner par toutes sortes de doctrines étrangères. Car il est bon que le cœur soit affermi par la grâce, et non par des aliments qui n'ont servi de rien à ceux qui en ont usé
- Sortez donc hors du camp pour aller à Christ, en portant Son opprobre
- Car nous n'avons pas ici de cité permanente, mais nous cherchons celle qui est à venir
- Par Christ, offrons sans cesse à Dieu un sacrifice de louange, c'est–à–dire le fruit de lèvres qui confessent Son nom
- N'oubliez pas la bienfaisance et la libéralité, car c'est à de tels sacrifices que Dieu prend plaisir
- Obéissez à vos conducteurs et soyez-leur soumis. Car ils veillent au bien de vos âmes, dont ils devront rendre compte. Faites en sorte qu'ils puissent le faire avec joie et non en gémissant, ce qui ne serait pas à votre avantage

- Priez pour nous ; car nous sommes convaincus d'avoir une bonne conscience, avec la volonté de nous bien conduire à tous égards.

Précision importante : en parcourant les conseils pratiques ci-dessus, certains seraient tentés de dire qu'il est *impossible d'exécuter ces instructions*, ce qui, à première vue, semble particulièrement exigent pour l'homme naturel. Mais détendons-nous car Dieu ne tient pas un registre comptable des réussites et échecs des chrétiens. Ce qui serait humainement compréhensible n'est pas le mode de fonctionnement du Dieu de la grâce. Il attend des chrétiens qu'ils adoptent les tendances de l'Esprit parce qu'Il a mis Son Esprit en eux. Sans l'Esprit du Christ, non seulement on ne Lui appartient pas, mais il est aussi impossible d'honorer ces recommandations. Si Dieu fonctionnait avec un registre comptable des réussites et échecs, nul doute que le péager pécheur des Ecritures n'aurait pas été justifié. L'autre brigand, crucifié avec Christ à Golgotha, non plus. David n'aurait pas été pardonné. Moïse non plus. C'est *par grâce qu'on est sauvé, par le moyen de la foi, et cela ne vient pas du chrétien, mais c'est un don de Dieu.* Le Seigneur nous demande d'avoir une posture de brisement et de contrition, ce qui n'a rien à voir avec un bilan comptable des réussites et échecs. C'est le propre des pharisiens et religieux de tenir de tels registres pour s'en vanter comme le pharisien qui se vantait de donner la dîme de tous ses revenus, et de jeûner deux fois par semaine. Tel n'est pas le propre de Dieu. L'apôtre demandait que l'on développe les tendances résumées ci-dessus parce que le Saint-Esprit était à l'œuvre et non l'homme naturel. En recherchant la perfection, le chrétien sera conduit par le Saint-Esprit à exécuter ces recommandations. Des échecs seront nombreux, mais avec la foi agissante, il parviendra à la perfection, à la gloire de Dieu le Père.

En conclusion, *marcher par l'Esprit*, c'est se servir de l'épée de l'Esprit qui est la Parole de Dieu ; ce sont des actes simples que la vie de chaque jour rend possibles à tous. On n'a pas besoin de vivre une vie de sanctification dans des grottes, sous prétexte de fuir un monde corrompu. Ce serait violer la parole du Christ qui, dans sa dernière prière à Dieu, a dit : «*Je ne Te prie **pas de les ôter du monde**, mais de les garder du Malin.*» (**Jean 17:15**).

Tous les chrétiens sont exhortés à *marcher par l'Esprit* pour s'affranchir des œuvres de la chair dont les tendances sont aussi envahissantes que le monde alentour. C'est ainsi qu'ils maintiendront un cœur brisé et contrit devant Dieu.

Changement d'attitude du chrétien : Les chrétiens doivent cesser de se plaindre

Le Seigneur exhorte Ses chrétiens à tendre la seconde joue, à faire un second kilomètre et à lâcher une seconde tunique quand ils sont sous contrainte. Il s'agit de l'attitude de celui qui ne se plaint pas. Le Seigneur le recommande : Ses chrétiens doivent éviter de se plaindre, de broncher, de murmurer. Celui qui se plaint est semblable à celui qui refuse de tendre la joue, de lâcher la seconde tunique, de faire le second kilomètre sous contrainte.

J'ai malheureusement assisté à un culte où le prédicateur riait de n'avoir pas tendu la joue lors d'une expérience, expliquant qu'on est au vingt-unième siècle. C'est le lieu de rappeler que *le ciel et la terre passeront mais la Parole de Dieu ne passera pas*. C'est une grave méprise d'enseigner à contrecourant du Seigneur sous prétexte que les époques ne sont plus les mêmes.

Les chrétiens doivent absolument éviter de se plaindre, quelles que soient les circonstances. Ils peuvent cependant demander la grâce de supporter comme l'indique le couplet d'une chanson que je reproduis ci-dessous (se chante sur l'air de "*Mon Dieu plus près de toi*") :

> *Mon cœur voudrait T'aimer,*
> *Assez T'aimer.*
> **Pour pouvoir supporter,**
> *Tout supporter :*
> *La souffrance et la peine.*
> *L'injustice et la haine.*
> *Je veux assez T'aimer*
> **Pour tout supporter.**

Le Seigneur de gloire a bien dit que pour être Son disciple, le chrétien devrait porter sa croix. Or le Seigneur n'a pas indiqué quelle croix le chrétien devrait porter. La vie est pleine de surprises. Même si les chrétiens des temps de la fin préfèrent le confort à la galère – c'est humain – le Seigneur n'a donné aucune garantie sur la croix qui attendait tel chrétien en particulier. J'en profite pour donner encore un couplet d'une autre de mes chansons préférées :

Mais le chemin du calvaire
*Est **étroit et périlleux**.*
*C'est un **chemin solitaire**,*
Difficile et ténébreux.

Il faut porter sa croix sans broncher, ni murmurer. L'attitude que le Seigneur attend du chrétien, c'est celle d'un esclave. Souvenez-vous de l'esclave Onésime, serviteur de Paul et de Philémon (épître éponyme). Un esclave ne peut broncher. Il fait tout ce que son maître lui commande de faire. Jésus-Christ Lui-même devint esclave afin d'accomplir la mission de Son Père (**Philippiens 2:7**). Il lava les pieds de Ses disciples et accomplit plusieurs sales boulots à leur place, tel celui de congédier plus de cinq mille hommes dans l'épisode de la multiplication des pains, après avoir mis Ses disciples dans des embarcations, une tâche qui Lui prit toute la nuit.

Changement d'attitude du chrétien : Lire les Saintes Ecritures et se débarrasser des démons responsables d'addictions multiples

Lire les Saintes Ecritures

Ne nous y trompons pas : la lecture des Ecritures – Bible – n'est pas un exercice prisé chez les chrétiens, même si la majorité d'entre eux les a lues au moins une fois. Il est cependant une constance : beaucoup n'ont pas lu la Bible en entier. D'autres présentent l'excuse d'une mémoire défaillante.

C'est le lieu de dire ici qu'il n'y a pas d'excuse pour ne pas lire la Bible. De son temps, Moïse exhortait le peuple israélite en ces termes :

> «*Et **ces paroles** que Je te donne aujourd'hui seront dans ton cœur. Tu les inculqueras à tes fils et tu en parleras quand tu seras dans ta maison, quand tu iras en voyage, quand tu te coucheras et quand tu te lèveras. **Tu les lieras comme un signe sur ta main, et elles seront comme des fronteaux entre tes yeux. Tu les écriras sur les poteaux de ta maison et sur tes portes**» (**Deutéronome 6:6-9**).

Si Moïse pouvait exhorter les israélites à agir ainsi à l'égard des commandements transmis par les anges, peut-on imaginer un seul instant que les chrétiens soient exonérés de la lecture des Ecritures quand l'auteur n'est pas un ange de l'Eternel, mais Dieu Lui-même ? Absurde. Aucune excuse n'est donc recevable pour ne pas lire les Ecritures. Bien au contraire, on doit s'y atteler et s'accrocher.

Nous devons à l'expérience de dire que nul ne doit s'attendre à ce que l'envie de lire le pousse à lire. Car le corps humain est généralement hostile à toute critique. Bien que l'homme reconnaisse les bienfaits d'une correction, il ne l'aime pas. Tout comme il déteste tout donneur de leçons. Or l'Ecriture est une lumière qui critique et donne des leçons. C'est pourquoi l'homme a tendance à ne pas *naturellement* la lire.

Dans ce cas, faisons comme le roi David qui contraignait son âme à louer l'Eternel. Disons à notre âme : «*Mon âme, lis la Bible ! Mon âme, lis la Bible ! Mon âme, lis la Bible !*». A force de la lire, Dieu aura compassion et augmentera le plaisir de lire afin que cela devienne un exercice exaltant et non contraignant et lassant.

Les lecteurs assidus l'attestent : A chaque nouvelle lecture, de nouvelles révélations sont faites. Pourquoi ? Parce que chaque nouvelle lecture nettoie le cœur et le libère des malédictions issues d'une longue histoire avec le péché. Ainsi chaque nouvelle lecture expose les ténèbres qui n'ont d'autre choix que de céder devant la lumière.

Pour finir, n'oublions pas que la Parole de Dieu est un remède contre l'ignorance et de nombreux liens occultes. Jésus dit en effet que *Si le Fils vous rend libres, vous serez réellement libres*. C'est aussi un repas qui édifie notre corps spirituel pour Christ car *l'homme ne vivra pas seulement de pain, mais de toute parole prononcée par Dieu*.

Se débarrasser des démons responsables d'addictions multiples

Le cœur brisé et contrit force un changement d'attitude avec l'abandon de nombreuses addictions derrière lesquelles de nombreux démons se sont abrités d'une génération d'hommes à l'autre. N'avez-vous pas souvent remarqué que les mêmes addictions et maladies se transmettaient d'une génération à l'autre à l'intérieur d'un même arbre généalogique ? Abandonner de nombreuses pratiques, sous l'impulsion d'un cœur brisé et contrit, forcera de nombreux démons à lâcher prise et ainsi, une lignée familiale sera à jamais débarrassée d'une malédiction généalogique.

Le Seigneur attend donc de Ses chrétiens, un changement d'attitude qui les préparera à affronter les événements de la vie avec succès, et à attendre, sans souci, ni stress, Son retour au son de la trompette.

Changement d'attitude du chrétien : Ne pas avoir honte de poser des actes de repentance

Il est clair que la repentance et, d'une manière générale, la vie de sanctification exposent le chrétien à l'humiliation. Jésus accepta Lui aussi l'humiliation en prenant la condition humaine, puis en devenant obéissant jusqu'à la mort, celle de la croix.

Les frères de Joseph s'humiliant devant ce dernier, Zachée donnant la moitié de ses biens aux pauvres, et le parfum de grand prix sacrifié par Marie Madeleine sur la tête du Seigneur, sont des actes d'humiliation témoignant de la sincérité de leurs auteurs dans leur changement de comportement, preuve de leur repentance.

Si un chrétien n'est pas prêt à s'humilier pour montrer sa contrition, alors sa demande de pardon n'est que pure gesticulation. Il s'abuse lui-même car les Ecritures attestent que ceux qui agissent ainsi ont connu des fins tragiques. On peut citer le roi Saül, le Benjaminite Chimeï et le débiteur qui devait dix mille talents. Les actes de repentance n'ont pas pour objectif de réparer, de manière comptable, la faute commise. Ce sont juste des symboles traduisant un cœur brisé et contrit. Toutefois, ils doivent être sincères.

Les chrétiens sont invités à prendre très au sérieux la question des actes de repentance. Les chrétiens de la fin des temps semblent se contenter du repentir des lèvres, perdant de vue les actes *dignes de la repentance* dont les Ecritures font état. Ces actes ont un impact qui va bien au-delà du sensationnel sinon Jésus-Christ aurait donné raison à ceux qui jugeaient extravagant l'acte de Marie Madeleine. Tel ne fut pas le cas. De même Jésus apprécia qu'on L'acclame bruyamment à Son entrée triomphale à Jérusalem, monté sur une ânesse et un ânon. Il n'y a pas de honte à avoir lorsqu'on désire vraiment montrer qu'on a été brisé et contrit après un péché. Le Seigneur apprécie de tels actes.

Soyons honnêtes pour reconnaitre que certaines repentances sont difficiles à mettre en œuvre. Je n'ose pas imaginer ce que j'aurais fait du remord d'avoir vendu un de mes frères comme esclave – cas de Joseph – ou encore, l'acte de repentance que j'aurais posé en me rendant compte, comme le roi David, que j'ai tué l'époux de la femme que je convoitais. Honnêtement, il est difficile d'imaginer une réparation matérielle quelconque après ces crimes odieux. Toutefois, nous ne devons pas sous-estimer la grâce de Dieu. L'histoire dit que les frères de Joseph et David furent pardonnés. Les premiers n'endurèrent aucune peine, tandis que le second fut humilié. Néanmoins, le pardon de Dieu leur fut accordé. Il est important, dans des cas aussi difficiles, de ne pas se décourager comme font certains peuples qui, pris de remord, mettent fin à leurs jours – plusieurs traditions asiatiques. Il faut juste remettre le cas à Dieu en Lui confessant le crime et notre regret. Et le sang de Jésus purifiera le pécheur repentant. Ensuite, demander à Dieu de développer en nous un cœur brisé et contrit, un cœur qui n'oublie pas, qui n'oubliera jamais. C'est ainsi que le Seigneur Jésus-Christ nous conduira sur le chemin d'une sanctification sincère et victorieuse. Il est inutile de s'arracher les cheveux pour savoir quel geste nous pourrions poser pour nous faire pardonner car, par exemple, aucun acte ne peut rattraper un crime de sang. Le Seigneur Lui-même pourvoira. Il suffit simplement de déposer le fardeau du remord à Ses pieds et Il fera le reste car Il est l'Alpha et l'Oméga, le Premier et le Dernier. Il mène toutes choses à bonne fin pour Ses chrétiens. Il suffit de croire et de Lui faire confiance, comme le brigand crucifié à Ses cotés à Golgotha, comme le péager pécheur de la parabole de **Luc 18:14**. Simple, mais il faut croire.

La tiédeur chez les chrétiens

A partir de ce qui précède, on peut expliquer les origines de la tiédeur des chrétiens. D'abord l'ingratitude ou l'oubli de la grâce que le Seigneur leur a accordée. Tous ceux qui sont conscients de la grâce de Dieu ont le cœur brisé et contrit, de l'empressement dans le corps. Ils n'attendent pas qu'on leur dise de se sanctifier, ils se sanctifient en multipliant même des maladresses, en étant parfois plus royalistes que le Seigneur Lui-même. C'est une erreur mais le Seigneur apprécie ceux qui sont dévorés par le zèle pour Lui. Ils ne sont pas tièdes.

Jésus a dit ce qui suit :

> *«Depuis les jours de Jean-Baptiste jusqu'à présent, le royaume des cieux est soumis à la violence, et **ce sont les violents qui le ravissent**»* (**Matthieu 11:12**).

Jésus affirme encore plus loin :

> *«Je connais tes œuvres : **tu n'es ni froid ni bouillant**. Si seulement tu étais froid ou bouillant ! Ainsi, **parce que tu es tiède et que tu n'es ni froid ni bouillant, Je vais te vomir de Ma bouche**. Parce que tu dis : Je suis riche, je me suis enrichi et je n'ai besoin de rien, et parce que tu ne sais pas que tu es malheureux, misérable, pauvre, aveugle et nu, Je te conseille d'acheter chez*

> *Moi de l'or éprouvé par le feu, afin que tu deviennes riche, et des vêtements blancs, afin que tu sois vêtu et que la honte de ta nudité ne paraisse pas, et un collyre pour oindre tes yeux, afin que tu voies. Moi, Je reprends et Je corrige tous ceux que J'aime.* **Aie donc du zèle et repens-toi !**» (**Apocalypse 3:15-18**).

Les chrétiens tièdes sont ceux qui ont relâché leurs efforts. Ils sont comme ce gros débiteur oubliant qu'il avait bénéficié d'une remise de dette de dix mille talents. En s'en prenant violemment à celui qui lui devait six cent mille fois moins, ce débiteur fut rattrapé par son créancier (Jésus-Christ) qui le mit en prison jusqu'à ce qu'il rembourse la totalité de sa dette.

Les chrétiens doivent comprendre qu'un cœur brisé et contrit est nécessaire et suffisant pour poursuivre la sanctification et bénéficier de la grâce de Dieu :

> «*Voici sur qui Je porterai Mes regards :* **Sur le malheureux qui a l'esprit abattu, qui tremble à Ma parole**» (**Esaïe 66:2**).

Le cœur brisé et contrit ou la vie de vainqueur

> *«Les sacrifices agréables à Dieu, c'est un esprit brisé : **Un cœur brisé et contrit ; O Dieu, Tu ne le dédaignes pas»* **Psaumes 51:17/19**.

Dans cet extrait des **Psaumes**, David parle de sacrifices agréables à Dieu comme synonymes d'un cœur brisé et contrit. On peut raisonnablement se poser cette question : qu'est-ce qu'un cœur brisé et contrit a à voir avec les sacrifices ?

Disons-le déjà, le Seigneur n'entend pas être ignoré dans le succès de Ses chrétiens. Plusieurs parmi eux, notamment ceux de l'église de Laodicée, ont tendance à imputer à leur excellent niveau spirituel, les succès rencontrés sur le terrain de la foi. Ils disent chacun : *«Je suis riche, je me suis enrichi et je n'ai besoin de rien»*. C'est le même esprit que ce pharisien qui se vantait de donner sa dîme et de jeûner deux fois par semaine. C'est une grave méprise que l'apôtre Paul, brillant et excellent, avait appris à ses dépens. Ecoutons ce qu'il déclarera :

> *«Et **pour que je ne sois pas enflé d'orgueil**, il m'a été mis une écharde dans la chair, un ange de Satan pour me souffleter, **pour que je ne sois pas enflé d'orgueil**. Trois fois j'ai supplié le Seigneur de l'éloigner de moi, et Il m'a dit : **Ma grâce te suffit**, car Ma*

> *puissance s'accomplit dans la faiblesse»* (**2 Corinthiens 12:7-9**).

Au **verset 6** qui précède, Paul précise la raison de l'orgueil tant redouté par le Seigneur : l'excellence des révélations reçues. En effet, il n'est un secret pour personne que l'apôtre Paul brillait par ses actes et révélations. C'est pour éviter qu'il ne soit enflé d'orgueil que le Seigneur le freina par un handicap physique. Le but de ce handicap était que Paul demeure dans un état de brisement et de contrition. C'est ce que confirme la suite de l'extrait précédent :

> *«C'est pourquoi je (Paul) me plais dans les faiblesses, dans les outrages, dans les privations, dans les persécutions, dans les angoisses, pour Christ ; en effet* **quand je suis faible, c'est alors que je suis fort**» (**2 Corinthiens 12:10**).

Ayant compris le danger qui guettait les chrétiens brillants, et pour éviter la pointe d'orgueil qui aurait pu lui coûter bien plus que le salut, Paul prit plaisir *dans les outrages, dans les privations, dans les persécutions, dans les angoisses, pour Christ*. Il développa ainsi un cœur brisé et contrit. En disant "*quand je suis faible, c'est alors que je suis fort*" Paul reconnaissait qu'un cœur brisé et contrit convenait à la vie de vainqueur.

La vie de vainqueur dans le Seigneur se trouve donc à l'opposé de la vie de vainqueur selon le monde. Dans le monde, ceux qui réussissent crient leur bonheur sur les toits et en font voir à tout le monde. C'est le monde. Chez le Seigneur Jésus-Christ, la vie de vainqueur est réservée aux cœurs brisés et contrits. C'est pourquoi David soutenait qu'il n'y avait pas de meilleur sacrifice à Dieu qu'un cœur brisé et contrit. C'est pourquoi le Seigneur justifia le péager qui pleurait amèrement sur ses péchés, mais rejeta le pharisien qui se glorifiait de ses succès.

Le cœur brisé et contrit est une position de victime spirituelle – holocauste – dont le parfum est agréable au Père céleste. Il ne s'appuie nullement sur les prouesses spirituelles pour Dieu, mais sur la reconnaissance de ce que Dieu a fait : Il a sauvé le chrétien par la grâce, par l'amour de Son nom. Et cela ne vient pas du chrétien, c'est un don de Dieu.

Nous devons enfin souligner que le chrétien doit supplier le Seigneur de lui conserver un cœur brisé et contrit car les succès ont tendance à monter à la tête des hommes, en général, des chrétiens en particulier. Même les chrétiens, réputés humbles, devraient se placer sous la puissante main du Christ pour ne pas quitter le terrain du brisement et de la contrition.

CONCLUSION

La repentance et le pardon que Dieu attend de Ses chers enfants tiennent à une attitude, celle d'un *cœur brisé et contrit*. Celui à qui il a été pardonné, doit aussi pardonner. Cela n'est possible que dans un changement d'attitude du chrétien. Ce dernier, par sa conversion, est le bénéficiaire de la plus grande miséricorde de tous les temps : le sauvetage de son âme de la perdition de l'enfer. Repentance et pardon sont deux inséparables d'un couple. Celui qui se repent doit aussi pardonner à ceux qui l'ont offensé. Celui qui pardonne bénéficiera aussi du pardon de ceux qu'il a offensés. Ainsi un pardon raté égale une repentance ratée. Le Seigneur ne veut pas que Ses enfants tombent dans ce travers.

Un cœur brisé et contrit garde une attitude qui amène à se donner sans broncher, tel Zachée offrant la moitié de ses biens aux pauvres, telle Marie Madeleine sacrifiant un parfum de trois cents deniers – une année de salaire ouvrier – pour le Seigneur. Il ne s'agit pas d'une repentance occasionnelle. Elle est éternelle. Jamais plus, le chrétien ne doit oublier qu'il a été beaucoup pardonné lors de sa conversion. La hauteur du pardon reçu est à la mesure du sacrifice du Fils unique de Dieu. Quelle est la valeur d'un fils unique de l'homme ? Enorme et sans prix. Quelle serait alors la valeur du Fils unique de Dieu, Jésus-Christ de Nazareth ? Inimaginable. Aussi le chrétien doit maintenir, chaque jour, un cœur brisé et contrit. S'il oublie cette attitude, il devient semblable à un ingrat qui oublie qu'on lui a beaucoup pardonné. Les conséquences peuvent aller jusqu'à la perte de l'âme comme Paul le redoutait pour lui-même en disant :

> *«Quant à nous, nous ne sommes pas de ceux qui se retirent pour se perdre, mais de ceux qui croient pour **sauver leur âme***» **(Hébreux 10:39)**.

L'apôtre Paul n'était pourtant pas épargné par les tribulations et la fournaise qui sévissent partout dans le monde. Mais cela n'était rien comparé à la grâce reçue et à la gloire à venir. Il disait lui-même :

> *«J'estime qu'il n'y a pas de commune mesure entre les souffrances du temps présent et **la gloire à venir** qui sera révélée pour nous»* **(Romains 8:18)**.

La posture permanente d'un cœur brisé et contrit, pour un chrétien, c'est de marcher par l'Esprit, obéir sans broncher. Le cœur brisé et contrit vit donc dans l'espérance de la gloire à venir qui sera révélée. En attendant, nous avons un Consolateur qui Se charge de nous conduire dans ce processus avec de nombreuses consolations à la clé. Nous vous souhaitons amplement de connaitre ces joies, cher Ami lecteur.

Sommaire détaillé

Edition, Montage infographique :
Job Daniel Jean, ministère chrétien pour l'enseignement
Photo de couverture : Auteur

Cet ouvrage a été conçu, achevé et rendu disponible à l'imprimerie
en mai 2015

N° d'édition : 01
Dépôt légal : mai 2015
Imprimé (à la demande) par CreateSpace/Amazon